와일리 H. 포사이드
선교 편지

내한선교사편지번역총서 **19**

와일리 H. 포사이드
선교 편지

와일리 H. 포사이드 지음
이숙 옮김

역자 서문

포사이드 선교사는 1904년에 내한한 미국 남장로교 소속의 선교사입니다. 제가 포사이드 선교사의 편지에 관심을 갖게 된 동기는 1887년 호남 지역에 최초로 파견되었던 7인의 남장로회 선교사 중 전킨 목사의 편지를 번역하면서 포사이드에 관한 내용을 자주 접했기 때문입니다.

전킨의 편지 속에서 포사이드가 아이들을 위한 놀이 시설이라곤 하나도 없던 시절에 아이들에게 나무 막대기를 깎아 야구 놀이를 가르치며 복음을 전하는 모습이 기술된 것을 읽고 인상이 깊었습니다. 아이들 눈높이에 맞추어 그들과 동화되는 그 멋진 선교사를 만나보고 싶었습니다. 때론 예기치 않은 군중들 틈 속에 섞이게 될 때에도 그들에게 자연스럽게 복음을 전하는 적극적인 모습에 인상 깊었습니다. 그 유명한 군산 야구의 전통이 포사이드 선교사에게서 비롯되었다는 깨달음도 포사이드에 대한 관심을 증폭시켰습니다.

포사이드 편지 속에는 항상 에너지 넘치고, 도움이 필요한 곳이라면 지체 없이 달려 나가는 행동가의 모습이 여실히 드러나 있습니다. 그날도 포사이드는 치료가 필요한 환자가 발생했다는 소식을 듣자 부리나케 의료 가방을 챙겨 홀로 자전거를 타고 시골길을 나섰습니다. 하루 만에 되돌아올 수 없는 먼 길이었기에 치료 후 환자가 있는 곳에 머물다가 한밤중에 강도떼의 습격을 받아 치명적인 상해를 입는 사고를 당한 것입니다. 하지만 그는 이 같은 불의의 사고 속에서도 복음 전도의 기회가 찾아온 것을 감사하게 여길 만큼 투철한 믿음을 가진 사람이었습니다.

이 책의 1부에 소개된 포사이드의 편지는 선교 후원자인 알렉산더 박사에게 보낸 편지들입니다. 그의 관심은 자신이 파견된 사역지의 선교 후원에만 머무는 것이 아니라, 지구 곳곳에 주의 사랑과 복음 실천을 위한 선교 사역에도 열정적이었음을 알 수 있습니다. 미국 전역에 금주령이 입안되도록 선교망을 적극적으로 활용하는 모습이라든가, 그 당시 중국의 기근이나 아프리카 지역을 위한 해외 선교의 필요성을 열정적으로 알리는 모습 속에서 하나님의 말씀을 실천하는 행동가를 느끼게 됩니다.

이처럼 매사에 적극적이고 열정적인 포사이드에게 부족한 것은 자신을 돌보는 능력이었습니다. 전킨 목사는 그의 편지 속에서 포사이드가 정작 자신을 돌보는 일에는 관심이 없을 뿐 아니라 돈이나 의복 관리마저 허술하기 짝이 없다고 안타까워했습니다. 그러면서 독신남인 포사이드가 짝을 맺을 수 있도록 전주 지역에 여성 선교사를 보내달라고 요청하는 것을 볼 수 있습니다.

포사이드는 한국에 들어오자마자 습격을 당하고도 쏟아지는 의료 사역에 매진하였습니다. 상처 치료가 제대로 되지 않아 본국으로 돌아갔지만, 치료를 마치자마자 한국 의료 선교를 위해 다시 목포로 돌아왔습니다. 그는 자신을 돌보기보다는 열악한 의료 환경에 놓인 한국인들을 돌보는 일이 주의 말씀을 실천하는 삶이라는 믿음을 스스로 보여준 선교사입니다.

　그동안 잘 알려지지 않았던 포사이드 선교사의 편지들을 통해 우리가 그동안 잊고 있었던 선교사님들의 헌신에 감사를 되새기는 기회가 되면 좋겠습니다.

2025년 4월

이숙

차례

포사이드 가족이 다른 사람들로부터 받은 편지 · 139

포사이드 박사의 목포 전근에 관하여 · 159

Letters from Dr. Forsythe to Dr. Alexander · 163

Letters from others to Dr. Forsythe's family · 259

Concerning Dr. Forsythe's transfer to Mokpo · 276

일러두기

1. Kentucky Historical Society가 소장한 Alexander Family Papers, MSS 93을 저본으로 번역하였다.
2. 편지의 번호는 역자가 작성된 날짜를 기준으로 임의로 부여한 것이다.
3. 번역문, 원문 순서로 수록하였다.
4. 원문에서 식별하기 어려운 단어는 대괄호 안에 표기하거나 [판독불가], [illegible]로 대신하였다.
5. 화폐 단위와 금액은 원문에 기록된 영문 그대로 표기하였다.
6. 거리를 나타내는 단위는 킬로미터(km)로 환산하여 표기하였다.
7. 무게나 질량을 나타내는 단위는 킬로그램(kg)으로 환산하여 표기하였다.
8. 성경 구절을 인용한 경우에는 개역개정판을 기준으로 하였다.
9. 번역문의 뜻을 분명히 밝히기 위해 원문에는 없는 한자를 병기하였다.
10. 본문에 달린 각주는 모두 역자주이다.

해제

포사이드(Wiley Hamilton Forsythe, 1873~1918) 선교사는 미국 켄터키주 해로스버그에서 태어났다. 1894년 웨스트민스터 대학을 졸업하고, 1898년 루이빌 의과대학을 졸업한 뒤에 인턴 과정을 마치고, 그해 쿠바에서 벌어진 미국과 스페인 전쟁에 군의관으로 참전했다. 전역한 뒤에는 뉴욕 빈민가에서 의료 봉사를 하다가 캔터키 주 렉싱턴에서 병원을 개업했지만, 선교를 열망하여 한국 선교를 자원하였다.

그는 1904년 9월에 남장로교 의료 선교사인 다니엘(Thomas H. Daniel), 놀런(Joseph W. Nolan)과 함께 한국에 왔다. 그와 관련된 편지들은 두 가지로 나뉜다. 하나는 그의 후원자인 알렉산더(John Alexander)에게 보낸 편지 43편이고, 하나는 그가 1905년 총격을 당하고 치료받을 때에 그의 동료 선교사들이 그의 가족들에게 보낸 편지 9편이다. Kentucky Historical Society가 소장한 Alexander Family Papers, MSS 93에 43편이 있다. 포사이드가 알렉산더에게 보낸 편지의 발신지와 내용은 다음과 같다.

1903.04.15. (렉싱턴)
한국의 선교사역에 관한 이야기를 부탁하였다. 편한 일요일에 맥스웰 교회에서 사람들에게 한국의 이야기를 들려주면, 한국의 선교활동에 큰 관심을 불러일으킬 수 있으리라 기대하였다.

1903.04.17. (렉싱턴)

알렉산더 박사의 렉싱턴 방문과 한국 선교사역에 관한 강연 약속에 감사하였다.

1903.06.01. (렉싱턴)

알렉산더 박사가 들려준 한국의 선교사역 강연에 대해 감사하고, 오 선생(오긍선)이 휴가기간에 렉싱턴에 들러 또 한 번 한국의 선교사역 강연을 할 수 있는지 물었다.

1903.09.15. (렉싱턴)

알렉산더 박사가 동봉해 준 전표의 사용법을 알려주었다. 오 선생에게 전표를 보내주면 오 선생이 조치를 취하는 데 도움이 될 것이라고 조언하였다.

1903.09.22. (렉싱턴)

리치몬드 방문과 관련한 내용을 미리 안내하고, 테일러 박사가 도와줄 수 있다고 말하였다.

1903.10.22. (렉싱턴)

금주법에 대한 사설을 보내주며 읽기를 권하였다.

1904.08.23. (렉싱턴)

알렉산더 박사에게 당분간 자리를 비운다고 알렸다. 대신 클리포드가 돈을 보관하고 있다는 소식과 필요할 경우 언제든 연락하라는 내용이다. 요즘 어머니 건강이 좋지 않아 온통 어머니 걱정으로 지새고 있어, 어머니의 회복을 위해 기도를 부탁하였다.

1904.09.23 (고베)

일본에 도착하여 S.S. 오하이오 호를 타고 한국으로 떠나기 직전에 쓴 편이다. 제물포에는 29일 선교회 회의에 맞추어 도착할 것 같고, 오사카의 군 병원에서 6,000명의 환자와 부상병들이 치료받고 있었으며, 유진 벨 선교사에게 연락받았음을 알렸다.

1904.10.17. (전주)

태평양을 건너 일본에 도착했다가 부산에서 기차를 타고 서울에 도착했으며, 제물포에서 일본 배를 타고 군산까지 가는 과정을 소개하였다. 프레스턴 선교사의 아이가 세상을 떠나고, 전킨 선교사가 전주로 옮긴 소식도 전하였다. 알렉산더가 군산에서 사용하던 물품을 놀런 선교사와 나눠 쓰게 되어 고맙다고 인사하였다. 수술 몇 건을 보고하고, 세브란스병원 소식, 제물포 앞바다에 러일전쟁으로 난파된 러시아 선박 이야기도 곁들였다.

1904.12.13. (전주)

러일전쟁이 일어나 위험한 상황이므로 선교사들에게 의료행위를 중단하라는 권고가 내려왔지만 환자들을 버릴 수 없어서 치료하고 있으며, 전주에 부임한 이래 두 달 동안 250명을 치료하고 40~50건의 왕진 요청이 있었음을 보고하였다. 예닐곱 명 고아들의 보금자리를 마련했다고 보고하면서, 기도제목들을 보냈다.

1905.04.04. (군산)

시골에서 도둑들과 있었던 사고 상황을 보고하였다. 도둑에게 구타당한 노인을 치료하기 위해 갔다가 도둑들에게 협박과 폭행을 당해 큰 상처를 입었으나, 주변의 도움으로 죽을 고비를 넘기고 이제 조금씩 회복하고 있다고 하였다.

1905.10.20. (전주)

여행 안부를 묻고, 한국의 교회는 부흥하고 있으며, 의료선교도 바쁘게 진행되고 있다고 전하였다. 도둑들에게 당한 충격의 상처가 잘 회복되고 있다는 소식도 함께 전하였다.

1906.02.09. (전주)

한국의 선교 현장에 신약성서 새 판본이 없어 기다리고 있으며, 교회 선교와 의료선교가 계속해서 성장하고 있다고 전하였다.

1906.08.06. (렉싱턴)

전킨 선교사의 편지를 동봉하였다. 맥스웰 씨가 한국 선교를 위해 100달러를 기부하기로 약속했고, 한국인들도 스스로 1649.50달러 상당의 금을 모금하였으며, 선교도 나날이 성장하고 있다고 전하였다. (미국 발신은 총상을 치료하기 위해 귀국해 있는 동안에 쓴 편지들이다.)

1907.06.07. (버밍햄)

알렉산더 박사가 이곳에 와서 우리를 하나로 뭉쳐주고, 격려해 줄 것을 부탁하였다.

1907.06.11. (미상)

놀런 박사의 정보가 아직 부족하여 보내드릴 수 없다고 하였다.

1908.02.11. (뉴욕)

전킨 선교사가 죽은 뒤에 그의 빈자리를 채워줄 선교사를 바라며, 그의 유가족이 미국으로 돌아올 계획을 알렸다. 오늘 찰스 박사(Dr. Charle)를 뵙고 자신의 미래 계획에 대해 상의할 예정임을 밝혔다. (결국 치료를 마치고 한국에 왔다.)

1909.03.20. (목포행 증기선)

총독부에서 미국행 한국인들의 여권을 일부 발급하지 않으니, 국무부 장관에게 여권 발급을 도와달라고 부탁하기를 청하였다. 남대문 근처에 세브란스병원이 신축되고, 군산에도 병원 부지를 알아보고 있고, 전주의 여학교도 신축 비용이 마련되었다고 보고하였다.

1909.04.01. (S. S. 아모이 마루)

전주 주일학교에 547명이 참석하고, 남학교와 여학교도 번창하고 있으며, 버드만 박사는 하루에 90건이 넘는 진료 요청을 받았음을 알렸다. 군산 선교도 발전하여 여성 선교사들의 숙소도 거의 완공되고, 현재 병원 시설은 학교 용도로 전환하고 새 병원을 짓는 계획도 전하였다. 오늘밤 목포에 도착하여 아침에는 상륙할 예정이라면서, 전도사역자 6명, 교육자 2명, 독신 여성 사역자 6명이 필요하다는 기도 제목도 부탁하였다.

1909.05.01. (목포)

하루 평균 60명을 진료하고, 섬 지역 사역도 진행 중이니, 한국을 위한 특별 프로젝트를 적극 추진해 달라고 부탁하였다. 알렉산더의 후원을 받아 의료선교사로 파견되었다가 의료 현장을 떠나 궁금하게 만들었던 놀런 박사(Dr. Nolan)에게 편지를 보냈다고 추신으로 전하였다.

1909.08.09. (군산)

주일 아침까지 목포에 데려다 주어야 할 배를 무작정 기다리면서 쓴 편지인데, 어머니, 숙모와 함께 선교비 20,000불을 약속한 후원자가 레이놀즈를 추천했다고 알렸다.

1909.08.10. (목포)

호남에서 활동하던 남장로교 선교사들의 이동 상황을 알리고, 군산의 독신 여성 숙소와 앳킨슨기념병원(Francis Bridges Atkinson Memorial Hospital)이 훌륭하다고 보고하였다. 선교부에서 1,200불을 들여 조제소(약국)를 마련했는데, 목포에 새 병원이 세워지길 희망하였다.

1909.08.11.

군산에서 개최된 남장로교 선교부 연례회의 보고를 하고, 오긍선 박사가 군산에서 훌륭한 일을 하고 있다고 전하였다.

1909.10.15. (서울)

한국 선교회가 "1910년, 한국에서 백만 성도 달성"이라는 표어를 정했으며, 챔먼 박사 일행이 오늘 떠났다고 하였다.

1909.12.15. (목포)

올해 예산이 5만 달러 이상 삭감되어 한국 선교의 상황이 무척 어렵다는 점을 호소하고, 달리 예산을 마련할 방법이 없는지 물었다.

1910.06.07. (목포)

한국 선교를 위한 7만 5천불 후원에 감사하고, 집도 없이 온 나라를 떠돌아다니는 한센인들에 대한 특별한 관심을 부탁하였다.

1910.11.16. (목포)

추가 송금에 대해 감사하고, 사역자들을 위해 세부적인 선교규칙을 제정해 주길 부탁하였다. 선교사들이 지켜야 할 규칙이 있어야만 효율적이고 체계적인 선교가 가능하리라는 제안이다.

1912.01.05. (루이빌)

한국의 모든 교회들이 사명을 다할 수 있도록 기도해 달라고 부탁하면서, 하나님을 더욱 찬양하고 더욱 신실하게 섬기면서 지금의 선교를 이어나가기를 다짐하였다. (미국 발신 편지는 병으로 귀국한 뒤에 작성되었다.)

1912.03.14. (루이빌)

평소 중요하다고 생각했던 몇 가지를 전했다. 첫째는 중국의 기근 지원, 둘째는 800명 선교사 확보, 셋째는 선교에 필요한 물품 지원, 넷째는 평신도 회의 활성화, 다섯째는 한센병 가정과 직업학교 지원이다.

1912.05.21. (루이빌)

중국에서 기근으로 고통 받는 사람들에 대한 지원이 시급하다고 전하면서, 카네기재단과 같은 조직을 잘 활용하기를 권하였다. 건강도 많이 나아져 곧 동참할 수 있으리라고 약속하였다.

1912.12.13. (루이빌)

12월 11일 자 『크리스천 옵저버』에 실린 술 거래와 관련한 기사를 보여주고, 그 법안이 통과될 수 없도록 모든 노력을 동원해 달라고 부탁하였다.

1913.04.23. (루이빌)

중국을 위한 기도의 날에 와주기를 부탁하고, 아편 법안 통과와 국제 아편 거래를 탄압하기 위한 협조를 요청하였다.

1913.05.10. (루이빌)

중국 선교와 학교 건립을 의논하고, 다섯 개 신학교에서 선교사 후보가 한 명도 나오지 않은 사실을 안타깝게 전하며, 신학교가 제 역할을 못 하고 잘못된 가르침을 전하고 있음을 고쳐야 한다고 하였다.

1913.07.11. (루이빌)

코이트 부부의 두 자녀가 죽었다는 소식에 대한 슬픔, 주일학교가 바로 설 수 있도록 기도해 달라는 부탁, 다양한 선교사들의 상황을 상세하게 전하였다.

1913.11.19. (루이빌)

자원봉사자 모임과 수백만 달러 기금운동에 동참해줄 것을 당부하였다.

1913.12.17. (루이빌)

전 세계 선교 현장의 상황이 매우 좋지 않고 선교사들이 더 필요함을 알리면서, 캔자스시티에서 열리는 자원봉사자대회에 참여하여 선교사들을 독려하도록 부탁하였다. 카긴 씨의 소식도 전하면서 해외선교의 정당성을 재확인하였다.

1914.12.31. (루이빌)

서울에 기독교 의과대학을 세우려는 계획을 추진하는 과정에서 포사이드는 에비슨 박사가 평신도 선교대회에 참여하여 이 사역의 진행 상황을 알리면 더 많은 영적, 물질적 지원을 얻을 수 있을 것이라 보고, 이를 실현하기 위해 알렉산더에게 도움을 구했다.

1914.날짜 미상. (루이빌)

2월에 있을 평신도 대회에 학생들이 참여하도록 알렉산더가 독려해주기를 부탁하고, 이 대회에서 한국의 한센인들과 비기독교 어린이 사역을 위한 자리를 마련하도록 제안해 주기를 부탁했다.

1915.01.15. (루이빌)

에비슨 박사가 미국에 안식년으로 가 있는 동안 한국 의료선교 지원을 위해 활발히 활동하고 있음을 알리고, 미국 교육을 받은 오긍선을 더 지원해 줄 것과 세브란스 병원과 대학이 일본에서처럼 비기독교 기관으로 전환되는 것을 막아야 한다고 전했다.

1915.02.11. (루이빌)

모든 교회와 신도가 새로 제정된 협약을 준수하도록 지도해 주기를 부탁하였다.

1915.04.08. (루이빌)

코이트 선교사의 근황을 전하며, 한국에서 싸게 나온 농지를 구입하여 한국인들이 가난의 고통에서 스스로를 구제하도록 도울 수 있는 기회가 있음을 알렸다.

1915.06.12. (루이빌)

서울에 새로 온 의료선교사가 시술 허가 시험을 언어 문제로 칠 수 없었던 일을 전하며, 이러한 규제를 없앨 수 있는지 물었다. 또한 아프리카 자원봉사자 여행비 보조와 국제건강위원회에 보낸 제안이 미국 의사협회에서 채택되도록 기도를 부탁했다.

1916.12.14. (루이빌)

모임을 방문해준 기쁨과 감사의 마음을 전하고, 한국과 중국에서 긴급하게 의사가 필요하다는 소식을 알렸다.

1917.08.07. (루이빌)

켄터키주에서 진전을 보이는 금주법 시행이 전국 단위로 확대되기를 바라며, 이번 세대 안에 전 세계의 복음화를 다짐하였다.

1918.02.02. (루이빌)

켄터키주의 금주법이 성공한 것에 대한 기쁨을 나누면서, 금주법이 전국 단위에서 시행되는 헌법 개정안이 비준될 수 있도록 할 것과 전시(戰時) 상황에서 모든 연합군 군대가 금주령을 지킬 것을 주장하였다.

포사이드는 부임 첫해에 1905년 3월까지 환자 1,000여 명을 치료하였고, 1906년 상반기까지 잉골드와 함께 모두 6,781명을 치료하였다.

이 책의 1부는 포사이드가 그의 선교 후원자인 알렉산더 박사에게 발신한 편지들이고, 2부는 포사이드와 그의 가족들이 받은 편지들이다.

1부의 편지들은 그가 한국에 오기 전 해외 의료 선교에 관심을 처음으로 갖게 되면서, 한국 의료 선교의 후원자인 알렉산더 박사와 주고받았던 편지로 시작된다. 그 당시 포사이드는 미국에서 의사로 활동하는 중에도, 의료 시설이 낙후한 해외로 나아가 의술 활동을 펼치는 일이야말로 기독교인이 감당해야 할 일이라는 믿음에 확신이 있었다.

그의 편지 곳곳에는 어떻게 하면 더 많은 기독교인들이 해외에 나아가 복음의 씨앗을 뿌리는 일에 나서게 할 수 있는지를 고민하며 기독교의 다양한 집회에 적극 관여하는 것을 볼 수 있다.

또한 세계 전역에 음주로 인한 불행한 사고와 식량 낭비 문제를 지적하면서, 미국 전역에 금주 문화가 정착될 수 있는 법안이 발의될 수 있도록 기독 단체들의 협력을 도모하는 방안을 실행시키려 노력하는 그의 편지들을 읽노라면 그의 투철한 금욕주의적 기독교관을 엿보게 된다.

그는 알렉산더 박사를 통해 한국의 낙후한 의료 환경을 전해 듣고서, 한국에서도 의료 환경이 한층 더 열악하였던 호남 지역으로 파송되어 왔다. 그는 병든 환자를 치료하러 의료 가방을 들고 시골길을 나섰다가 강도떼들의 습격을 받고 사경을 헤매게 되는 사고를 당하기도 했다. 그는 자신의 사고마저도 기독교의 사랑을 확증시키는 계기로 승화시키고 만다.

그러나 사고의 후유증이 충분히 치료될 새도 없이 밀려드는 의료 선교 업무를 떠안고 지내다가 건강이 급격히 나빠져서 내한한 지 2년 만에 치료를 위해 다시 본국으로 돌아가게 되었다.

미국에 돌아가서도 한국의 열악한 의료 환경과 한센인들을 보살피는 일이야말로 하나님의 사랑을 증거할 수 있는 핵심이 된다고 강조하면서 해외 의료 선교의 절심함을 알렸다.

2부의 편지들은 포사이드와 그의 가족이 수신한 편지들인데, 주된 내용은 포사이드가 의료 왕진을 나갔다가 불의의 총상 사고를 당하고 나서 그와 함께 지내던 동료 선교사들이 포사이드의 어머니와 가족들에게 사고 경위를 설명하거나 위로하는 내용들이다. 사고 소식에 놀랐을 어머니와 가족들에게 동료 선교사들이 번갈아 가며 일자별로 날마다의 치료 과정과 회복 소식을 전하고 있다. 또한 사고의 소문을 듣고 찾아온 마을 사람들이 기독교에 관심을 갖게 된 이야기와 회심한 일화들이 기록되어 있다. 더불어 한국에서 그와 함께 선교하던 동료 선교사들이 치료차 본국으로 돌아간 포사이드에게 쓴 편지들도 포함되었다.

번역문

포사이드가 알렉산더에게 보낸 편지

1903년 4월 15일

W. H. 포사이드 박사

140 노스 어퍼 스트리트
켄터키주 렉싱턴

A.J.A. 알렉산더 박사
스프링 스테이션, 켄터키주(KY.)

알렉산더 박사님께.

박사님의 한국 사역에 매우 관심이 높습니다. 조만간 아무 때나 일요일에 맥스웰 교회에 오셔서 한국에 대해 말씀해 주실 수 있으실까요? 박사님이 오신다면 그 방면으로 관심을 일으키는 데 큰 도움이 될 것입니다.

박사님이 가능하시다면 제가 브랜드 씨를 만나 박사님 편하신 일요일을 정하도록 하겠습니다. 박사님이 겪으신 깊은 슬픔에 삼가 위로의 마음을 전합니다.

포사이드 올림.

1903년 4월 17일

W. H. 포사이드 박사

140 노스 어퍼 스트리트
켄터키주 렉싱턴

알렉산더 박사님께.

오늘 아침에 박사님의 메모를 받았습니다. 박사님이 오신다니 정말 기쁘고, 박사님의 이번 방문이 한국 사역에 큰 관심을 불러일으킬 것으로 확신합니다. 제가 브랜드 씨를 만나 박사님께서 시카고에서 돌아오신 뒤의 일요일로 잡을 수 있도록 하겠습니다. 최근에 목포에 있는 벨 씨로부터 3월 2일 자 소인의 카드를 받았습니다. 아직까지 그 지역에 못 가본 것이 유감이지만 언젠가는 가보게 되리라는 희망을 저버리지 않고 있습니다. 박사님과 여러 가지 상황이나 사역에 관해 말씀을 나누고 싶습니다. 렉싱턴에 오시게 되면 잠시 들러 저를 만나주실 수 있을까요? 제 건물은 렉싱턴 다리 바로 건너에 있으며, 요즘 제 업무는 한가하답니다.

포사이드 올림.

1903년 6월 1일

W. H. 포사이드 박사

140 노스 어퍼 스트리트

켄터키주 렉싱턴

알렉산더 박사님께.

　박사님 편지를 받았습니다. 한국 사역은 확실히 고무적입니다. 저는 쭉 이런 일을 하고 싶었습니다. 다음에 렉싱턴에 오시면 꼭 들러주시기를 바랍니다. 박사님께서 오 선생이 휴가 중 할 일에 대해 말씀하셨는데, 교회에 와서 한국 선교사역에 관해 강연하는 것도 괜찮을까요? 그럴 수 있다면 이 방면에 큰 관심이 생겨날 것으로 믿습니다. 오 선생이 가능한지 아닌지 모르겠으나 제가 아는 어떤 분도 이런 식으로 휴가 중 사역할 것으로 알고 있습니다. 박사님이 못 보셨을 듯한 기사를 첨부합니다. 한국어를 공부할 만한 영어로 된 책들이 있을까요?

　포사이드 올림.

1903년 9월 15일

140 노스 어퍼 스트리트

켄터키주 렉싱턴

알렉산더 박사님께.

오늘 박사님이 동봉하신 전표를 방금 받았습니다. 박사님이 그것을 오 선생에게 보내시면 그가 필요한 과목을 이수할 수 있겠습니다. 박사님께서 병원장이신 테일러 박사(Dr. Taylor)에게 편지하시면, 오 선생이 미국에서 개업하지 않을 것이기 때문에, 오 선생의 입장을 조절해 줄 것입니다. 모든 일이 잘 이루어지기를 바랍니다.

포사이드 올림.

1903년 9월 22일

140 노스 어퍼 스트리트

켄터키주 렉싱턴

알렉산더 박사님께.

우리 상황은 더 이상 진전된 것은 없습니다. 진전이 있으면 알려드리겠습니다. 리치몬드 방문과 관련해서는 며칠 내로 맥클레이 박사에게서 소식이 갈 것입니다. 박사님이 가시게 되면 좋겠습니다. 오 선생 일에 대해서는 올해 좀 더 일찍 조율하셔도 좋을 것 같습니다. 저도 개인적으로 테일러 박사를 알고 있으니 혹시 제가 도움이 될 수 있다면 더할 나위 없이 기쁘겠습니다.

포사이드 올림.

1903년 10월 22일

W. H. 포사이드 박사

140 노스 어퍼 스트리트
켄터키주 렉싱턴

친애하는 알렉산더 박사님께.

박사님께서 정치적으로 어떠하신지 모르겠으나, 주류 문제에
대해서는 박사님이 옳다는 것을 압니다. 그래서 동봉하는 기사가
흥미로울 것 같아서 박사님께 감히 동봉해 드립니다.

포사이드 올림.

1904년 8월 23일

W. H. 포사이드 박사

140 노스 어퍼 스트리트

켄터키주 렉싱턴

알렉산더 박사님께.

박사님 편지를 받았습니다. 클리포드 씨는 출타 중이고, 저는 9월 5일 차이나 익스프레스를 타고 밴쿠버를 출항할 계획입니다. 당분간 그에게 돈을 맡게 했습니다. 박사님께서 주지하시고 계시다가 무슨 일이 생기면 제게 알려주십시오.

박사님도 아시다시피 저의 가장 큰 걱정은 어머님입니다. 어머님이 회복할 힘이 생기길 바라고 있습니다. 모든 것은 기도의 응답이라 믿습니다. 우린 희망의 끈을 놓지 말아야 합니다. 하나님께서 박사님을 지키시고 주님의 길로 이끄시는 가호가 있으시길 빕니다.

안녕히 계십시오.
포사이드 올림.

1904년 9월 23일
고베

알렉산더 박사님께.

미국으로 출항하는 스티머 차이나호가 떠나기 전 짧은 편지를 보냅니다. 21일 S.S. 오하이오 호를 타고 한국으로 떠나서 제물포에는 29일 선교회 회의에 맞추어 도착할 것 같습니다.

일본은 정말 흥미로운 곳입니다. 이곳에 머무는 동안 매우 즐겁고 보람차게 지냈습니다. 복음을 전할 엄청난 기회가 열려 있고, 전쟁 이후 사람들도 호의적입니다. 지금은 사역을 위해 교회가 떨치고 나서야 할 때입니다. 내년이 아니라 지금 당장입니다.

오사카의 군 병원을 방문했는데, 6,000명의 환자와 부상병들이 치료받고 있었습니다. 매우 깨끗하고 청결했으며 체계적인 병원이었습니다. 일본군 내에는 많은 관심이 보입니다. 오사카에서는 의약품도 미국보다 저렴한 곳을 찾았지만, 품질은 아직 모르겠습니다. 시험해 볼 생각입니다.

벨 씨(Mr. Bell)[1]에게서 소식이 있었습니다. 나중에 좀더 자유롭게 편지할 것입니다. 지금까지 정신이 없었습니다. 군산에 도착하면 박사님께 소식 들을 수 있기를 바랍니다.

평안하시길 빕니다.

---

[1] 당시 목포에서 선교하던 유진 벨(Eugene Bell, 1868~1925)을 가리킨다.

진심을 담아,

W. H. 포사이드 드림.

1904년 10월 17일
전주, 한국

알렉산더 박사님께.

서울에 도착한 뒤로 줄곧 박사님께 편지를 쓰고자 했지만, 아시다시피 한국에 처음 오자마자 여러 가지 일이 많았습니다. 처리해야 할 일과 만나야 할 사람들이 많아서 시간이 정신없이 흐르는 통에 편지 쓰기 등의 일은 뒤로 밀렸습니다. 박사님을 직접 뵙고 긴 이야기를 나눌 수 있다면 더욱 좋았을 것 같습니다. 아무튼 처음부터 차근차근 말씀드리는 게 좋겠네요.

일본에서 오하이오 호를 타고 한국으로 오는 여행은 아주 훌륭했습니다. 좋은 요금에 객실도 깨끗했으며, 날씨도 아주 좋았습니다. 내해(內海) 바다는 마치 동화 속 나라 같았습니다. 낮에는 햇빛이 맑고 환하며, 밤에는 밝은 달빛이 비추었습니다. 달빛 아래 펼쳐진 풍경은 마치 마법처럼 아름다웠습니다. 하지만 이 모든 것을 말로 다 표현할 수는 없겠지요. 한국에서의 초행길은 서울에서 아침 일찍 기차를 타고 언덕을 따라 내려왔습니다. [스튜어트]의 유명한 곳에 잠깐 들렀다가 다시 서울행 기차를 탔습니다. 서울로 가는 첫 여정이 매우 흥미롭다는 것을 박사님도 아시지요. 모든 것이 새롭고 낯설기 때문이죠. 서울-부산 간 철도와 서울-제물포 간 철도 주위에 제법 큰 마을이 생겨났는데, 대부분 일본식 집이었습니다. 철도 서비스는 고향을 멀리 떠났지만 이곳에서도 퍽 괜찮은 것 같았습니다.

그랜드 호텔에서 해리슨[2] 씨와 함께 저녁 식사를 했는데, 엠벌리[3] 씨의 장소였지요. 이후 레이놀즈 집에 가서 벨 씨와 함께 만찬을 나누었습니다. 벨 가족이 그곳에 머물고 있었는데, 저도 거기에서 지내야 한다는 것이었습니다. 그렇게 훌륭한 집에 머무는 일에 굳이 설득이 필요하지 않았지요. 제일 먼저 그들이 물어온 것은 박사님의 안부였습니다. 실제로 이곳에 나와 있는 사람들 모두 박사님을 정말 사랑하고 존경하고 있습니다. 한국인들 역시 박사님께 깊은 애정을 보이고 있지요. 이렇듯 박사님은 이곳 한국에도 진실되고 좋은 친구들을 두고 계십니다.

서울에서의 연례 회의가 끝나기 전에 도착하지 못한 것이 아쉬웠지만, 부산에서의 활동을 꽤 많이 볼 수 있었습니다. 한 배 가득 쌀을 내리기 위해 부두로 몰려든 인부들이 있었는데, 일본인 감독이 일부 사람들을 매우 거칠게 대했습니다. 하지만 한국인들은 비교적 담담하게 받아들이는 듯 보였습니다. 한 한국인은 배 옆면에 장대가 걸렸다가 갑자기 풀리면서 머리를 맞고 배 밑 아래로 빠지는 일도 있었습니다. 마지막에 본 그의 모습은 머리를 감싸 쥐고 몹시 괴로워하는 표정이었습니다.

배에서 내려 해안가에 가보았지만, 보이는 일들이 별로 마음에 들지 않아 곧 다시 배로 돌아가 오하이오 호 갑판에서 구경했습니

---

2 남장로회 선교사 해리슨(William Butler Harrison 하위렴, 1866-1928)을 가리킨다.
3 서울에 있던 그랜드호텔의 주인인 영국인 엠벌리(W. E. Emberly)를 가리킨다.

다. 모든 것이 흥미로웠습니다. 짧은 정박이었지만 아주 즐거웠습니다. 당시에는 선교회 사역에 대해 잘 몰라서 선교 사역지를 찾지 못했는데, 서울에 도착한 뒤 그곳 부산에서 사역하시는 분들을 만나보니 미안한 마음이 들었습니다. 어빈 박사님은 그해에 16병상을 갖춘 병원을 완공했다고 합니다.[4] 부산에서 곧바로 제물포로 갔습니다. 짐을 내려 세관 검사를 무사히 마치자 벨 씨와 해리슨 씨가 맞아주셨습니다.

북장로교 선교회는 아직 회의 중이었으며, 많은 분들을 만나게 되었습니다. [노스우드] 자매님도 만났습니다. 평양에서의 사역은 정말 대단합니다. 제가 보고서를 보내드렸는데, 작년 한 해에만 1,100명이 넘게 세례를 받았습니다. 서울에서 사역하시는 여러 분들, 게일 목사님, 에비슨 박사님 등도 만났습니다. 북장로교 선교회는 내년에 세 개의 새로운 선교지를 열 계획입니다. 대구, 서울, 그리고 남부 지역입니다. 작년은 선교 사역에 있어 매우 좋은 해였습니다.

군산과 전주에서 사역하시는 분들을 만나지 못한 것은 아쉬웠지만, 목포 선교사들을 만났습니다. 프레스턴 부부의 아기가 세상을 떠났다는 소식은 들으셨지요. 에비슨 박사에 따르면 출산은 비교적 순조로웠다고 하지만, 오른쪽 다리에 괴저가 발생해 결국 절

---

4 1893년에 내한하여 작은 규모의 시약소로 의료선교를 하던 북장로교 선교사 찰스 휴스테츠 어빈(Charles H. Irvin)이 1903년 뉴저지 몽클레어 교회의 후원을 받아 부산 최초의 근대식 병원을 세우고, 전킨 목사의 이름을 붙여 전킨기념병원이라고 하였다. 이 병원은 어빈 선교사의 한국식 이름을 따서 어을빈병원이라고도 불렸다.

단해야 했습니다. 에비슨 박사와 허스트 박사(Dr. Hirst)가 태어난 지 얼마 안 된 아기를 수술했습니다. 아이는 얼마 되지 않아 세상을 떠났고, 와일리 부인과 프레스턴 부부는 그 죽음을 담담히 받아들였습니다.

선교회는 전킨 부부를 전주로 보내기로 했고, 이로 인해 불 부인이 홀로 남게 되었습니다. 그래서 다니엘 부부를 군산으로, 그리고 저를 임시로 전주로 보내기로 했습니다. 맥커첸 씨, 놀런 박사님과 저까지 셋은 제물포에서 군산으로 가는 첫 배를 탔습니다. 마사냐라는 작은 일본 배였는데, 처음에는 갑판에서 자야 한다고 했지만, 3엔씩 주자 편의를 봐주었습니다.

목요일 오후 5시에 제물포를 떠나, 난파된 러시아 선박 근처를 지나 해안에서 6~7마일 떨어진 섬 하나에 닿았습니다. 그날 밤 날씨가 거칠었으니, 마사냐를 탄 승객들의 상태가 어떠했을지 짐작하시겠지요. 아침 4시쯤 작은 섬 가까이 가서 날씨가 좋아질 때까지 정박했습니다. 이 폭풍으로 인해 금요일 오후 6시가 되어서야 군산에 도착할 수 있었습니다. 24시간의 여정이었습니다.

우리는 따뜻한 환영을 받았고, 곧 마사냐 호와 폭풍은 잊혀졌습니다. 서울에서 이질에 걸린 불 목사님은 아직 누워 계셨지만 좀 나아진 상태였습니다. 전킨 부부는 전주로 이사하느라 매우 분주했습니다. 우리는 드류 씨네 집에서 박사님이 쓰시던 방에서 잤습니다. 토요일에는 세 의사가 모여 의학적인 사안들을 검토하고 최대한 분담했습니다. 다니엘 박사님은 병원 장비를 새로 모두 구입하셨고요.

오 선생은 박사님께 편지를 써서 모든 것을 중단시키겠다고 했습니다. 그들은 전킨 씨를 매우 존경하는 것 같았습니다.

전킨 씨는 여기에서 하루 이틀 정도 앓았는데 이삼일 후면 회복될 것 같습니다. 그들은 해리슨 씨의 집에 있습니다. 호면 씨는 군산에서 다니엘 박사 부부와 함께 지내며, 그곳 학교를 맡고 있습니다. 우리는 군산에서 전주까지 아주 좋은 여정을 가졌습니다.

오전 9시쯤 떠나 오후 7시쯤 도착했죠. 날씨도 맑고, 10월의 좋은 날씨였고, 길 상태도 매우 양호했습니다. 길 중간쯤에서 점심을 먹으며 쉬고 있는 오웬 여사를 만났습니다. (그녀는 테이트 부부를 방문했다가 목포로 되돌아가기 위해 오웬 박사를 만나러 군산에 가는 길이었습니다.) 우리는 그녀와 함께 언덕 위 큰 소나무 아래에서 점심을 먹었습니다.

한국 소년들이 즐겁게 재잘대는 소리들과 함께 우리는 작은 개울을 건너고 언덕을 올라 전주의 테이트 선교사 집에 도착했습니다. 따뜻한 환영과 훌륭한 저녁 식사를 받았습니다.

하루 종일 즐거운 날이었습니다.

지급품들과 대부분의 물품이 놀런 씨와 제게로 왔습니다. 전킨 여사가 보관을 잘해서 박사님의 물품은 상태가 좋았습니다. 드류 박사의 물품은 상태가 좋진 않았지만, 일부는 사용 가능했습니다. 전반적으로 좋은 장비를 얻었습니다. 어느 쪽 선교지에도 현미경은 없었지만, 우리는 그런 실험적 작업을 할 시간도 별로 없을 것입니다. 저는 개인 장비를 가져왔으며, 대부분 수술을 할 수 있을 정도의 장비는 있습니다.

군산에서는 다니엘 박사가 한 아이의 다리에 부러진 바늘 조각을 제거하는 수술을 했습니다. 전주에서 저도 몇 건을 했습니다. 공식적으로 진료를 보는 건 아니지만요. 전킨 씨는 군산을 떠나기 싫어했지만, 선교부는 그의 건강을 고려해 전주로 옮기기를 권했습니다. 이곳에서는 순회 전도가 적기 때문이죠. 군산에서 그의 작별 설교는 매우 감동적이었고, 그는 감정이 복받쳐 말을 잇지 못했으며, 많은 한국 신자들도 울었습니다. 여성들의 흐느낌이 교회 전체에 퍼졌습니다.

전주는 정말 좋은 곳이며, 군산도 마찬가지입니다. 지난 몇 주간 날씨도 매우 좋았고, 저는 한국에 깊은 인상을 받고 있으며, 이번 겨울에는 열심히 사역할 계획입니다.

한국어 공부도 이미 시작했습니다. 놀런 박사는 오늘 아침 목포로 출발했습니다. 그들은 전라도 내륙 쪽으로 들어가 전주에 임시 숙소를 짓거나 마련하고자 합니다. 그래서 저희를 잠깐 방문하러 들렀습니다. 현재 맥커첸 씨와 저는 잉골드 박사님의 집에 임시로 살고 있습니다.

어젯밤 마을에서 큰 소란이 있어 내려가 봤더니, 언덕 바로 아래에 있던 집이 무너져 안에서 자고 있던 한국인들이 심하게 다쳤는데 뼈는 부러지지 않았습니다. 집은 완전히 무너졌고, 우리는 그들을 최선을 다해 치료했습니다. 우리는 이 세상에 무슨 일이 일어나고 있는지 모르겠지만, 그게 세상의 흐름을 바꾸는 일이라 생각지는 않습니다.

테이트 씨와 맥커첸 씨는 곧 시골 전도여행을 떠날 예정입니다.

저는 이곳에서 10리가량 떨어져있는 배당 마을에 폐결핵 환자를 보러 다녀왔습니다. 그들은 아주 고마워했습니다.

박사님의 물품 일부는 아직 받지 못했습니다. 전킨 여사께서 보내신 시트, 수건, 베개, 베갯잇, 블라우스 등을 기다리고 있습니다. 놀런이 그런 물품들이 부족하다고 해서 목포 가는 길에 가져가도록 했습니다. 군산에서 필요로 하지 않는 다른 물품들을 다시 보내줄 것입니다. 모두 모이면 목록을 만들어 박사님께 보내 드리겠습니다.

박사님의 장비들이 이곳에 있다고 하셔서, 장비 마련 예산을 모두 사용하지는 않았습니다. 수표를 박사님께 보내드릴 수 있으며, 어떻게 하는 게 좋은지 말씀대로 따를 준비가 되어 있습니다. 사역을 위한 박사님의 도움 덕분에 이곳에 오게 된 우리 모두는 박사님께 굉장히 감사해 하고 있습니다. 박사님의 도움이 없었더라면 저는 솔직히 말씀드려 이곳에 왔을 것 같지 않습니다. 개인적으로 정말 감사드립니다.

이 나라와 이 사역을 기쁘게 받아들이고 있으며 한국인들을 더욱 더 사랑하게 될 것 같습니다. 서울에서 게일 선교사님과 작별 인사를 하는데 그는 "당신은 한국인을 점점 더 좋아하게 될 거예요."라고 말했답니다.

오늘 저녁엔 풀 베는 낫에 발목 근처를 깊이 벤 사람을 봤습니다. 그는 상처 안에 풀잎과 먼지가 잔뜩 채워져 있었고, 발은 부어오르고 고통스러워했습니다. 제가 풀잎과 먼지를 털어내고 뜨거운 물로 깨끗이 씻은 후, 새 붕대를 감아 주었더니, 훨씬 나아졌고 그는 매우 안도하면서 진심으로 감사해 했습니다. 바로 그는 또 다른 질환이 있어서 제가 치료 중에 있는 사람입니다. 이 사역에는 다른 어떤 곳에서도 느낄 수 없는 기쁨이 있으며, 이 사역이 가능하게 된 건 박사님 덕분입니다.

해리슨 씨가 오늘 군산에서 전주로 왔습니다. 서울에서 연례회의 후 평양에도 다녀왔다고 하네요. 불 씨(Mr. Bull)는 꽤 괜찮아지고 있지만, 다니엘 박사 말에 의하면 아직 모르핀을 써야 할 정도라고 합니다. 빨리 회복되기를 바라고 있습니다. 테이트 씨와 맥커첸 씨는 전도 여행을 떠나기로 했습니다.

서울에 있을 때 에비슨 박사의 새 병원을 방문했습니다. 40개의 병상과 진료소, 세탁소, 부엌 등이 완비된 시설이었습니다. 좋은 수술실도 갖추었습니다. 필라델피아의 세브란스 씨가 후원하고 있는데, 지금까지 28,000엔이 들어갔다고 합니다. 필라델피아에서 허스트 박사도 에비슨 박사를 돕기 위해 막 도착했습니다.

내년 봄에는 평양에 있는 웰스 박사의 병원도 방문하고자 합니다. 전킨 씨가 군산으로 어떤 의사를 모셔올 수 있는지 알아보기 위해 올라가는데 저더러 함께 가자고 했습니다.

오늘 미국에서 편지 다발이 도착했습니다. 해리슨 씨가 군산에서 가져온 것이죠. 박사님의 편지를 기대했으나 없었네요. 박사님 편지는 항상 즐거우니 자주 편지 주시길 바랍니다.

체스터 박사님(Dr. Chester)에게서 아주 친절한 편지도 받았고, 제 어머님께도 친절한 편지를 보내주셔서 감사했습니다.

쓸 말이 너무 많아 어디서 멈춰야 할지 모르겠지만, 여기에서

멈추고 다음을 기약해야겠습니다. 박사님 가족과 폴 박사 가족께
도 따뜻한 인사를 전합니다.

진심을 담아,
W. H. 포사이드 드림.

1904년 12월 13일
전주

알렉산더 박사님께.

편지 잘 받았습니다. 소식 전해주셔서 기쁩니다. 저의 답장 편지를 기다리지 마시고 계속해서 소식 전해주시길 바랍니다. 부산에서 켄터키까지 18일 걸린 것은 훌륭한 기록입니다. 저는 에비슨 박사님께서 11월 12일 서울에서 보내신 편지와 소포를 11월 27일에 받았습니다. 15일 만에 도착한 셈이지요. 한국도 물류가 이동되고 있습니다. 하지만 이런 경우는 예외적입니다. 올가을에는 군산으로 들어오는 배가 매우 불규칙했습니다. 일본군을 위해 겨울 전에 북쪽으로 물자를 운반하느라 그렇습니다.[5] 어떤 우편물은 철도와 바다를 통해 오기도 하는데, 이건 상당히 좋은 서비스로 3~4일 정도면 들어오지요.

저는 지금 "한국 철도"에 대해 파고들고 있습니다. 선교회에서는 의사들에게 앞으로 3개월간 의료 활동을 중단하라는 지시를 내렸습니다.

하지만 환자들을 곁에 두고 어떻게 의료 행위를 하지 않을 수 있나 모르겠습니다. 제가 이곳에서 일하고 나서 10월 15일 이후로

---

5 1904년 2월 8일에 발발하여 1905년 가을까지 계속된 러일전쟁(露日戰爭, Russo-Japanese War)의 여파로 해상교통 루트가 바뀌었다.

진료실을 찾아온 환자가 250명 정도이고, 40~50건의 왕진 요청도 있습니다. 그 가운데 몇 건은 아주 흥미로운 사례였습니다. 그중 하나는 유착 태반 케이스였습니다. 쌍둥이를 출산한 지 30시간 된 산모였는데, 자궁경부를 제 손으로 벌려야 했고, 마취도, 조수도 없이 손가락을 큐렛처럼 사용해 조작했습니다. 산모의 남편은 그녀의 머리를 붙잡아 주었고, 하인은 물을 데우는 일을 했으며, 테이트 양의 조사인 기독 부인 한 명이 있었습니다. 모든 것이 잘 끝났을 때에는 온몸에 땀이 송골송골 맺혔지만 산모는 잘 회복했고, 남편은 백 냥 어치의 일이었다고 말했으나 그 돈을 받은 것은 아닙니다.

또 하나는 신생아 안염 환자였습니다. 생후 10일 된 아기였는데, 두 눈 모두 염증이 심해 처음에는 눈꺼풀이 부어 눈을 아예 볼 수 없었습니다. 하지만 지금은 건강해졌고, 두 눈 상태도 좋습니다.

다른 사례들 중에는 그렇게 좋은 결과가 나오지 않은 경우도 있었지만, 전체적으로 볼 때 의료 사역은 꽤 성공적이었다고 생각합니다.

우리는 지금 거리에서 구걸하던 고아들을 위한 일종의 보금자리를 마련했습니다. 지금은 여섯에서 여덟 명 정도가 있습니다. 처음에는 거의 벌거벗은 채로 다녔지만, 지금은 그들이 새로운 숙소를 좋아하는 것 같습니다.

이 사역은 고무적인 일입니다. 지난 주일에는 교회가 가득 차서 문 앞에도 사람들이 서 있었습니다. 일진회(一進會)라는 개혁 모임 단체 사람들이 전원 참석했습니다. 그들이 기독교에 우호적인 태도를 갖고 있는 것이 다행입니다.

지금이야말로 한국에서 큰 사역이 이루어질 수 있는 때입니다. 교회가 이 엄청난 필요 앞에서 일어설 수만 있다면 말이지요. 박사님께서 하실 수 있는 모든 일들로 사람들을 자극하고 일깨워 주시기 바랍니다. 우리는 모든 기독교인이 하나 되어 기도 연맹을 만들어 함께 기도하기를 바랍니다. 신실한 그리스도를 믿는 현지인들을 위해, 아직 그리스도를 받아들이지 않은 사람들을 위해, 아직 복음을 듣지 못한 사람들을 위해, 그리고 더 많은 일꾼들을 위해 기도하길 원합니다. 많은 이들이 이에 동참하기를 바랍니다. (마태복음 18:19-20)

저는 서울에서 사용할 성경 구절 표어에 대해 레이놀즈 씨에게 편지를 보냈습니다. 한국어, 한문, 일본어로 인쇄될 예정이며, 루이빌, 뉴욕, 시카고 등지에서도 사용되고 있습니다. 별다른 말씀이 없으시면 박사님도 동참하시는 것으로 등록해 두겠습니다.

지금이 바로 한국을 복음화할 때입니다. 나라 전체가 불안정하며, 여러 곳에서 사람들이 교회로 자연스럽게 흘러가고 있으니 복된 흐름입니다. 며칠 전에는 전킨 씨와 함께 50리(약 20km) 정도 떨어진 곳에 있는 병자를 보러 다녀왔습니다. 그 근처에는 아주 멋진 교회가 세워지고 있었습니다.

레이놀즈 부인으로부터 서울에서 함께 성탄절을 보내자는 따뜻한 초대를 받았습니다. 아마도 일주일 정도 다녀올 것 같습니다. 레이놀즈 씨는 1월에 이곳에서 열리는 회의에 참석하기 위해 내려올 예정입니다. 맥커첸 씨는 지금 시골에 나가 있습니다.

급하게 편지 쓰느라 글씨가 엉망입니다. 이곳에서 일이 어떻게 돌아가는지 박사님께서도 아시지요. 시간을 쪼개어 되도록 빨리 써야 하니까요.

라우트 박사님이 아직 쾌차하지 않으셨다니 안타깝습니다. 그분께 남쪽으로 내려가 겨울을 보내며 완전히 휴식을 취하라고 권해보시는 건 어떨까요?

박사님의 소식을 언제나 기쁘게 기다립니다.

박사님의 어머님과 렉싱턴에 있는 친구들에게도 따뜻한 안부를 전해 주십시오.

진심을 담아,

W. H. 포사이드

이곳의 사역을 꼭 기억하시고 기도로 중보해 주세요.

1905년 4월 4일
군산, 한국

한국 남장로선교회

알렉산더 박사님께.

제가 한국 강도에게 당한 사고에 관해 전킨 씨가 박사님께 편지할 것이라고 하더군요. 이 사건은 제게 너무도 황당한 경험이었습니다. 저는 강도에게 구타당한 60대 노인을 살피러 갔었지요. 토요일 저녁에 가서 노인에게 상처를 치료한 후에, 월요일 아침에 전주로 갈 예정이었습니다. 그런데 일요일 밤인지 월요일 새벽녘에 방문이 열려 깨어보니, 한국인 한 명이 내게 총을 겨누고 있었고, 다른 몇몇도 총을 가지고 있었습니다. 저는 그가 총을 쏠 거라 생각하고 뛰쳐나가 총을 쏘지 못하게 그를 붙들자, 나머지 사람들이 뒤로 와서 저를 공격했답니다. 왼쪽 귀를 크게 다쳤습니다. 바깥 귓바퀴와 외이도(外耳道) 뼈를 뚫고 지나갔지만 다행히 뇌를 침범하지는 않았습니다. 머리통 여러 곳에 상처가 났고, 왼쪽 다리도 찢어졌지요. 강도들이 마당에 들어설 때 노인의 아내가 막아섰으나 그 중 한 명이 그녀를 쓰러뜨렸습니다.

제가 쓰러져 의식을 잃자 (나중에 들은 이야기이지만) 그 늙은 아낙이 달려들어 내 몸을 감싸며 강도들에게 이 사람은 자기 남편을 치료하러 온 것이니, 저 대신에 자기를 죽이라고 했답니다. 이래서 강도들이 더 이상 해코지를 하지 않은 것 같습니다. 피를 많이 흘리긴 했지만, 나이 많은 한국 의사가 결국 지혈해 주었습니다. 전킨 씨와 다니엘 박사, 그리고 해리슨 씨는 월요일에 왔으며, 그때쯤 제 의식이 회복되어 군산으로 보내졌습니다. 그들 모두 저를 지극히 돌봐주어 지금은 일어나 앉을 수 있게 되었습니다.

하나님이 마치 기적처럼 제 생명을 살려주셨습니다. 그 사고 이후에 제가 치료해준 62세 노인의 형제이자 유교에 투철하던 이가 이제부터 자신은 예수를 믿는다고 공언을 하였으며 전주 교회에 감사헌금으로 200냥을 보냈다고 들었습니다. 진정 하나님은 악에서도 선을 이루십니다.

지금은 제가 더 많이 회복된 것을 들어 아시겠지만 몇 자 적습니다. 랜트 박사께도 안부 전해주시고 렉싱턴에 계시는 박사님 어머님과 여러 친구분께도 저의 사랑을 전해주십시오. 박사님의 행복한 여정을 축하드립니다.

포사이드 올림.

1905년 10월 20일

전주, 한국

알렉산더 박사님께.

지금쯤이면 댁에 도착하셨겠지요. 더할 나위 없이 행복한 여행이 되셨으리라 믿습니다. 얼마 전에 사모님의 편지와 박사님의 카드를 받았는데, 두 분의 행복한 모습이 느껴졌습니다. 이제 두 분이 다시 돌아오셨으니 켄터키가 전보다 더욱 아름다워졌을 것 같습니다.

이곳 한국의 사역은 너무나 일이 많아서 많은 것들을 생략하지 않을 수 없었습니다. 편지 쓰는 일도 그중 하나입니다. 일이 얼마나 과중한지 말씀드리기가 불가능할 지경입니다. 한국인들은 이제껏 억눌려왔습니다. 이제 그들은 잘 알지 못하던 것들을 찾아나서고 있으며, 선교사들을 친구로 여기며 자연스럽게 상대하고 있으니, 한국인들에게 복음을 전할 기회가 생겼습니다. 정녕코 한국인들의 마음을 움직이시고 그들에게 천국을 예비하시는 성령의 역사임을 확신합니다.

현재 전주의 교회는 몰려오는 군중을 수용하기에는 너무 작아서 새로운 건물을 짓는 중입니다. 전킨 씨가 건물 짓는 일에 너무 수고가 많으며 진심을 다하고 있습니다. 그는 엄청 열심히 일하고 있습니다. 주일 설교 외에도 9시 30분부터 12시까지 가르치면서 참석한 군중들을 보살피고 있습니다. 이 지역뿐 아니라 도처에서 몰려와서 교회마다 사람들로 넘쳐난다는 좋은 소식입니다. 책과 교리서가 많이 필요합니다. 신약성서 찍은 것은 오래 전에 소진되어 아무 것도 없어서, 재판본을 기다리면서 찬송가를 이용하고 있습니다.

불 씨 내외와 아이들이 이곳에 와서 며칠 함께 지냈습니다. 불 여사가 축음기를 가져와 그것으로 한국인들에게 공연을 해주었는데, 한국인들이 아주 즐거워하는 것 같았습니다. 가장 인기 있는 곡은 '코니아일랜드의 엉클 조쉬'였지요. 엉클 조의 웃음은 언제나 인기 폭발입니다.

의료 사역은 우리들을 탈진시킬 만큼 위협적입니다. 하루에 30, 40, 50, 60건씩 맡다 보니 다른 일은 거의 할 수가 없습니다. 언어 공부 시간을 포기할 수밖에 없었습니다. 9월엔 880건을 기록했습니다. 10월은 열흘이나 남았는데 벌써 750건입니다. 테이트 여사(잉골드 박사)가 약 2주 전에 돌아와서 아침 업무를 돌보아주었습니다. 그녀와 테이트 씨는 지금은 시골 순회 중입니다. 시골 사역은 매우 위급하게 돌보아야 할 일이 많아서 한 달가량 있게 될 것 같습니다. 맥커첸 씨는 내일 여행 떠날 준비 중이고, 테이트 여사는 다음 주에 갈 예정이랍니다. 이곳이 한가한 선교지가 아니란 걸 아시겠지요.

박사님도 지금쯤 전킨 씨네 훌륭한 아들-마리온 몬타규가 태어났다는 소식을 들으셨지요. 아기는 8월 23일에 태어났습니다. 전킨 가족과 저는 이곳에 남았고 나머지 분들이 연례회의 차 서울로 갔으므로 잉골드 박사와 테이트 씨의 결혼식에 참석을 못 했습니다. 그들은 너무 행복해보입니다.

저는 치료차 미국에 잠시 다녀와야 할 것 같습니다. 승낙을 받아 표를 예약해 놓았는데 제 어머님이 잉골드 박사와 함께 오신다는 소식을 받았습니다. 저는 한국에 남아 기다리기로 했지요. 그런데 내가 집에 간다는 소식이 미국에 전해졌고 어머님이 결국 안 오시기로 했답니다. 꽤 복잡했지만 현 상황에서 가장 쉬운 결말이 난 것입니다. 귀가 안 들리고, 상처 흔적이 꽤 남았지만, 고통에서 회복되었으니 내 생명을 지켜주신 하나님과, 이곳과 고향에서 기도와 위로를 주신 모든 친구들에게 감사를 전합니다.

친구 모두에게 기억되어 기쁠 따름입니다. 박사님께서도 답장해주시겠지요. 박사님과 사모님께 안부를 전합니다.

포사이드 올림.
1905년 10월 24일

알렉산더 박사님께: 방금 9월 20일에 보내신 편지를 받았습니다. 즐거운 여행이 되셨다니 반갑습니다. 이곳 일이 너무 많아서, 우리에게 인원 보충이 곧 이루어질 것입니다. 지금은 전킨 씨 가족과 저만 이곳 선교 스테이션에 있습니다. 8월 23일에 태어난 전킨 씨의 마리온 몬타규가 잘 자라고 있으며 한 주에 1과 1/2파운드(약 680g)씩 늘어서 지금은 14와 1/4파운드(약 6.5kg) 나간답니다. 다니엘 의사 부부도 귀여운 딸을 얻었으며, 프레스턴 가족도 딸을 낳았습니다. 둘 다 서울에서 태어났습니다.

1906년 2월 9일
전주, 한국

한국 남장로교 선교회

알렉산더 박사님께.

박사님이 생각날 때마다 편지를 썼더라면 아마 산더미만큼이나 쌓였을 것입니다. 하지만 일에 떠밀려 필요한 편지마저 미뤄두고 지내다가 꼭 알려드려야 할 일이 생겼습니다. 저는 8월 10일 서울에서 돌아온 이후로 열심히 지냈습니다. 그때는 놀런 박사도 이곳에 있었는데, 8월 23일에 목포의 프레스턴 박사에게서 전보를 받고 떠났습니다. 전킨 선생의 아들 몬타규가 8월에 태어나서, 저와 전킨만 남고 다른 사람들은 모두 연례 회의에 갔지요. 모두 떠난 뒤에 저희 둘이 밀려드는 사람들을 상대했습니다. 그들은 날마다 오고 싶어 했습니다.

전킨 씨는 실수로 전도지가 아니라 5,000권의 책을 받았는데, 이 책들이 모두 팔렸을 뿐 아니라 더 있기만 했다면 그 역시 다 팔렸을 것입니다. 박사님도 아시다시피 새로 나온 신약복음서는 오래 전에 다 소진되었고, 재판본이 여러 난관으로 나오지 않았으나 늦어도 한두 달 내로는 나오기를 바라고 있습니다.

선교부 보고서를 통해 박사님도 아시겠지만 올해가 가장 두드러진 해였습니다. 작년 선교보고에 따르면 작년 한 해 43개 그룹의

428명의 등록인 중에서 178명이 세례를 받았고 304명의 예비 신자가 되었습니다. 올해 보고서는 작년의 세 배에 가까운 112개 그룹이 생겼습니다. 등록인 761명 중 352명이 세례를 받았으며 859명의 세례지원자가 나왔고, 선교 일은 점점 성장해 가고 있습니다.

선교 연합이 아주 잘되고 있고 더욱 적극적인 선교가 이루어지고 있습니다. 연합기도가 이 놀라운 결과를 가져오는 데에 큰 역할을 하였습니다. 저는 우리 교회가 소홀히 여기는 힘을 잘 사용하기만 한다면 더 놀라운 결과를 가져올 것이라고 믿습니다.

제 의료 사역 역시 성장하고 있습니다. 7월 20일 새로 시작한 이래로 4,500건의 요청이 기록되었는데, 박사님이 아시는 바와 같이 매우 다양한 유형의 요청들이 포함되어 있습니다.

1906년 8월 6일

켄터키주 렉싱턴

알렉산더 박사님께.

전킨 씨의 편지를 동봉합니다. 오 선생에 관한 메모가 들어있습니다. 맥스웰은 100불을 약정했으나, 아직 들어오지는 않았습니다. 전킨 씨에 의하면 한국인 767명이 금화 1649.50불을 모금했다고 합니다. 이는 전주와 광주의 교인들입니다. 군산에 있는 다른 선교 기지에서는 아직 들어오지 않았습니다. 140곳의 예배 모임이 있습니다. 작년에는 69곳이었는데, 34곳이 올해 들어 새로 생겼습니다. 세례교인은 작년 208명에서 올해는 410명이 되었고, 모두 10,005명입니다. 세례지원자들은 1,289명입니다. 실로 매우 고무적인 일입니다. 계속 기도해야겠습니다. 니스벳이 올가을 오나요? 지금 집이 모두 꽉 차있습니다. 전주에는 맥커첸 씨와 독신 여성들의 집이 지어지고 있습니다. 맥커첸 씨는 올해 안에 부인을 데려올 것 같습니다. 많은 일들이 진전되고 있으며, 더 큰 축복을 위해 기도해야 하겠습니다. 감사합니다.

가기 전에 한번 뵈어야 할 텐데요.

포사이드 올림.

1907년 6월 11일

[판독불가] 언덕

Near [베벌리] WVA

알렉산더 박사님께.

박사님 편지를 받았습니다. 6월 18일과 19일에 덴빌(Danvill)에서 박사님을 뵙게 된다면 정말 기쁘겠습니다. 놀런 박사에 관해서 급히 전할 내용은 없습니다. 상황이 파악되는 대로 알려드리겠습니다. 모든 것이 협력하여 선을 이룰 수 있기를 바랍니다.

[판독불가],

포사이드 올림.

1907년 6월 27일

플로렌스 호텔

버밍햄, 앨라배마

알렉산더 박사님께.

댁내 평안하신지요. 박사님이 몹시 그립네요. 함께 모일 수 있기를 바라고 있습니다. 박사님께서 베풀어 주신 친절에 감사드립니다. 주의 풍성한 은총이 함께하기를 기원합니다. 성령께서 역사하심을 믿습니다. 우리는 계속 기도해야 할 것입니다. 누가복음 10장 2절과, 마태복음 18장 19절, 스가랴 4장 6절 등의 말씀을 기억합니다. 사모님과 자녀들에게도 안부를 전합니다.

주의 사역 안에서,

포사이드 올림.

1908년 2월 11일

246 57번가

뉴욕

알렉산더 박사님께.

이곳은 박사님께도 익숙한 동네이지요. 지금 저는 장로교 회원들과 함께 기도하고 있습니다. 이곳의 사람들은 참 좋은 분들입니다. 이곳 P&S와, 벨르뷔(Bellevue), [판독불가] 등지에서 여러 기관에서 큰 기회를 얻고 있습니다. 동양에 일꾼이 필요하다고 전하고 있으며, 많은 이들이 깊은 관심을 보이고 있습니다. 몇몇은 정말로 헌신할 준비가 되어 있다고 생각합니다.

이 젊은이들 가운데 하나님께서 큰 결실을 주시기를 기도해 주세요. 또한 의료 선교를 위해 훈련하는 학교도 생겨났습니다. 후원자들의 관심을 얻기 위해서는 정보가 많이 필요합니다.

전킨 씨의 죽음은 실로 크나큰 충격이었습니다. 저는 그를 사랑했고 우리는 함께 사역했지요. 그의 빈자리가 너무 크지만 하나님께서 모든 일을 아시나니 모두 일이 합하여 선을 이룰 것입니다. "하나님을 사랑하는 자, 곧 그 뜻대로 부르심을 입은 자들에게는 모든 것이 합력하여 선을 이룬다"는 말씀이 떠오릅니다.

전킨 여사와 그의 아들딸들이 날씨가 충분히 따뜻해지면 미국으로 돌아올 예정입니다. 그녀는 용감한 여성이며, 아이들 또한 박사님도 아시듯 훌륭한 청년들입니다.

박사님의 아들은 잘 지내는가요?

사모님과 박사님의 어머님께서 [판독불가] 말씀해 주셨는데, 저는 너무 감사했습니다. 며칠 전에는 [판독불가] 학교에서 큰 호응을 받으셨다는 소식을 들었습니다. 가능하면 그 젊은이들에 대해 좀 더 알아보고자 합니다.

케네스(Kenneth)가 다시 나왔다니 반갑습니다. [판독불가] 오늘 찰스 박사(Dr. Charle)를 뵙고 제 미래 계획에 대해 상의할 예정입니다. 제 뜻이 아니라 하나님의 뜻이 이루어지길 바랍니다. 주님의 뜻이 이루어지도록 함께 기도해 주세요.

모든 이들에게 안부를 전하며,

주님의 종,
W. H. 포사이드 드림.

1909년 3월 20일
목포행 증기선

친애하는 알렉산더 박사님께.

지금 저는 서울에서 돌아오는 길입니다. 채예요(Ye Yo Chai)가 다니엘 부부와 함께 미국으로 갈 수 있도록 하고자 그의 여권을 위해 서울에 다녀왔습니다. 박사님께서 그에게 서둘러 여권을 준비하라고 전보를 보내셨기 때문이지요.

미국 영사인 새먼 씨(Mr. Sammon)는 일본 측이 허락만 해준다면 여권 발급을 보장하겠다고 매우 친절하게 이야기해 주셨습니다. 그러나 일본 당국은 여권을 발급해 주기를 거부했습니다. 그뿐 아니라 한 한국 여성에 대해서도 하와이에 있는 남편과 합류하는 것을 거부했으며, 오히려 남편이 한국으로 돌아와서 그녀와 합류해야 한다고 했습니다. 상황이 이렇습니다.

박사님께서 이 문제를 워싱턴으로 가져가셔서, 국무부 장관이 새먼 영사에게 여권 발급을 요청하도록 지시할 수 있는지 알아보시면 좋겠습니다. 몇몇 학생들은 면제를 받았고, 한 젊은이는 지금 이 배에 타고 있으며, 다니엘 부부와 함께 매사추세츠로 유학을 가는 중입니다. 그의 여권 신청은 몇 달 전에 이루어졌습니다. 평양에 있어서 저는 그를 직접 만나지는 못했습니다.

벨 씨와 맥커첸 씨는 신학교 때문에 다시 평양으로 돌아갔습니다. 올해 신학교에는 100명이 넘는 학생이 있습니다. 새 YMCA

건물이 완공되었는데, 8만 엔이 들었으며, 아주 훌륭하고 편리합니다.

서울에 새로 지어진 ○○병원은 약 [판독불가] 엔이 들었다고 합니다. 서울 남대문 근처의 새 건물은 무너진 집들을 철거한 자리에 세워졌으며, 비용은 약 12만 5천 엔이 들었다고 합니다.[6] 서울과 제물포에는 수도 시설도 생겼습니다. 새로운 학교 건물, 선교사 사택도 지어졌고, 더 많은 새 선교사들이 오고 있어 힘이 됩니다.

군산에는 두 명의 선교사가 거주하고 있으며, 많은 이들이 도움을 받고 있습니다. 이 지역의 병원 부지를 구입하기 위한 논의도 진행 중입니다. 독신 여성 선교사들의 사택도 괜찮은 상태입니다.

전주에서 여학교가 어서 착공되기를 바라고 있습니다. 헬렌 로만(Mrs. Helen Roman) 여사가 2,500달러의 헌금을 받았으며, 피터스버그 교회의 헌금 등과 합쳐 약 4,000달러가 모일 수 있을 것으로 기대됩니다. 이를 통해 학교를 세울 수 있을 것입니다. 로건 여사(Mrs. Logan)는 인력 보강을 위해 노력하고 있습니다.

우리 선교회는 현재 다음과 같은 인력을 요청 중입니다:

안수받은 목사 6명
학교 사역자 2명
전도 사역자 6명
기타 사역자들

---

6 제중원(濟衆院)이 1904년 9월 3일 남대문 밖 복사골(현 서울특별시 용산구)로 병원을 이전하면서 건축비를 지원한 루이스 헨리 세브란스의 이름을 따서 세브란스기념병원으로 개칭하였다.

또한 새로운 선교사 사택과 병원 두 곳도 필요합니다.

주일에 전주에 도착할 수 있도록 군산에 제시간에 닿길 바랍니다. 지금은 3등실로 가고 있으며, 제물포를 지나 목포까지 요금은 300엔입니다. 여러 사람들을 만날 수 있어 복음을 전할 기회가 많습니다.

저희를 잊지 마세요. 어머님께 안부를 전합니다. 진과 가족 모두에게 사랑을 전합니다.

언제나 변함없이
주의 종 W. H. 포사이드

이사야서 58장,
이사야서 40:9-17,
시편 41:1-3

추신 오 박사(Dr. Oh)[7]는 목포에서 하루에 약 50명의 환자를 보는 큰 진료소를 운영하고 있습니다. 제가 있었던 날에는 한 노인이 고통스러워하는 친척 여성과 함께 왔습니다. 정신이 혼미했지만 의식은 있었고, 오 박사는 그 노인에게 큰 안도감을 주었으며, 그는 감사의 말을 연신 외쳤습니다. 오 박사는 다니엘 부부가 부재중일 동안 군산의 의료 사역을 맡게 됩니다. 목포는 의료 사역을 하기에 아주 좋은 장소입니다.

---

7 알렉산더 선교사의 한국어 교사를 하다가 장학금 지원을 받아 미국 켄터키주 루이빌의과대학에 유학하였던 오긍선(吳兢善, 1879~1963)을 가리킨다. 1934년에 한국인 최초로 세브란스의학전문학교 교장이 되었다.

1909년 4월 1일

S.S. 아모이 마루[8]

알렉산더 박사님께.

　전주와 군산을 잘 다녀왔습니다. 박사님께서 지금 전주의 사역을 보신다면 큰 감명을 받으실 겁니다. 전주교회는 가득 찼고, 주일학교에는 547명이 참석했습니다. 남학교와 여학교도 번창하고 있으며, 새 건물의 기초 공사도 진행 중입니다. 의료 사역도 번창하는 중이며, 버드만 박사는 하루에 90건이 넘는 진료 요청을 받았습니다. 좋은 병원이 절실히 필요합니다. 주민들이 병원 설치를 위한 청원서를 보냈습니다. 한국 선교부가 어떤 조치를 취할지는 아직 모릅니다.

　지금 군산도 번창 중입니다. 여성 선교사들이 머무를 새 집도 거의 완공되었고, 얼 씨의 집도 마찬가지입니다. 병원에 수술실이 필요합니다. 좋은 소식은 기존 의료 시설에 큰 개선이 있다는 것입니다. 현재 병원 시설은 학교 용도로 전환하고, 새 병원을 짓는 것입니다. 목포 선교부도 번창하고 있습니다. 불 씨는 박사님이 보내신 1,000달러를 잘 받았습니다. 지속적인 관심과 수고에 감사드립니다.

　시편 44:1-3과 이사야 58장 말씀을 나눕니다.

8　아모이 마루(廈門丸)는 오사카상선(大阪商船)에서 1906년부터 일본 근해에 운항하던 화객선(貨客船)인데, 1945년 5월 25일 모지(門司)에서 부산으로 항행하던 중에 미국 해군의 폭격을 받아 쓰시마 인근에서 침몰하여 승무원 42명이 전사하였다.

박사님 가족 모두에게 사랑을 전합니다. 저희 선교지를 와 보시기 바랍니다. 오늘밤 목포에 도착하여 아침에는 상륙할 예정입니다. 하나님께서 제가 있기를 원하시는 곳으로 인도되도록 기도해 주세요. 박사님께 하나님의 축복이 더욱 더 함께하시길 바랍니다. 자주 편지 주세요.

버밍햄 대회 소식 잘 받았습니다. 감사드립니다.

사랑을 담아.

주의 종

W. H. 포사이드

보의사[9]

추신 "기도를 멈추지 마세요." 마태복음 9:35-38 말씀을 나눕니다. 전도사역자 6명, 교육자 2명, 독신 여성 사역자 6명이 필요합니다. 또한 가정과 해외에서 큰 부흥이 일어나고, 개인 전도를 위해 기도해 주세요.

날마다 한 명 이상에게 복음을 전하려 노력합시다.

포사이드

소년과 그의 어머니, 그리고 당신의 어머님 카터 여사(Mrs. Carter)께 사랑을 전합니다. 오 박사는 잘 지내고 있습니다.

---

9 "Doc. Po"라는 영문 표기는 포사이드의 한국식 이름 "보위렴(保衛廉)"을 표기한 것이다.

1909년 5월 1일

대한민국 목포

알렉산더 박사님께.

좋은 소식이 담긴 박사님의 편지를 잘 받았습니다.

하나님께서 박사님과 박사님의 어머님, 그리고 모든 분들께 복을 내려주시길 바랍니다.

풀러턴 여사(Mrs. Fullerton)께도 감사 인사를 전해 주세요. 저도 그녀를 뵐 수 있었으면 좋았을 텐데요. 이 편지에 동봉한 간단한 사역 보고서를 전달해 주시기 바랍니다. 저희가 하고 있는 일의 일부를 보여드리는 자료입니다. 요즘 너무 바빠서 공부할 시간도 거의 없습니다. 지난주에는 입원환자와 외래환자를 포함해 하루 평균 약 60명을 진료했습니다. 도움을 주는 좋은 조력자들이 많이 있어서 감사합니다.

전도 활동도 많이 이루어지고 있습니다. 복음 전도지를 나누어 주었고, 기독교인들이 매일 와서 전도와 개인 상담 사역을 하고 있습니다. 이 모든 사역에 하나님의 은혜가 있기를 기도해 주세요. 주의 은혜가 없이는 헛된 일입니다. "여호와께서 집을 세우지 아니하시면 세우는 자의 수고가 헛되다"는 말씀처럼요.

고크 씨(Mr. Koque)가 지금 여기 와 있습니다. 그는 광주에 가서 미국에서 알고 지내던 로건 여사(Mrs. Logan)를 만나고 왔습니다. 그는 훌륭한 사람입니다. 그와 같은 분들을 더 많이 보내주시기를 바랍니다.

이 편지는 박사님의 선의에 감사를 드리기 위한 것입니다. 박사님의 어머님과 풀러턴 여사께도 감사를 전합니다. 이 헌금이 일반 기금으로 들어간다면 아쉬움이 남을 것입니다.

병원을 위한 특별 기금이 따로 있었으면 합니다. 카터 여사(Mrs. Carter)는 15,000달러를 모금할 수 있을 것 같다고 말했습니다.

저희는 이곳에 좋은 시설이 절실히 필요합니다. 섬 지역 사역도 진행 중입니다. 맥컬리(Mr. McCallie) 씨는 이미 여러 섬들을 방문했는데, 좋은 배를 가지고 지금까지 약 200개의 마을을 다녀왔고, 자신의 사역 지역 내 모든 마을을 방문할 계획이라고 합니다.

오늘은 프레스턴 씨(Mr. Preston)가 오기를 기다리고 있습니다.

한국을 위한 특별 프로젝트를 적극 추진해 주시고, 올해 32명의 사역자와 그들을 지원하고 훈련할 수 있는 15만 달러의 예산을 보내주십시오.

마태복음 9장 35-36절, 18장 19절, 28장 18-20절 말씀을 나눕니다.

모든 분들께 사랑을 전합니다.

사모님과 아드님도 잘 지내시지요? 사모님의 감사 편지를 잘 받았습니다.

주의 종,

W. H. 포사이드 드림.

추신 놀런 박사(Dr. Nolan)에게도 편지를 보냈습니다.
소식 전해드리겠습니다.[10]

---

10 알렉산더의 후원을 받아 광주에 의료선교사로 파견되어 진료소 소장으로 근무하다
가 알렉산더에게 전문의 유학을 가겠다고 청하던 놀런 박사(Dr. Nolan)가 갑자기
의료 현장을 떠나 다들 궁금하게 만들었는데, 그에게 편지를 보냈으니 답장이 오면
알렉산더에게 연락하겠다는 뜻이다.

1909년 8월 9일
군산

사랑하는 이들에게.

그대들을 사랑하는 마음을 전하며, 또 끊기지 않게 편지를 보내고자 짧게 몇 줄 띄웁니다. 거의 2주 정도를 아무 소식도 못 받았으나 그 무렵 연례회의에 참석하기 위해 이곳에 왔기 때문입니다. 주일 아침에 목포에 데려다주지도 않을 배를 기다리고 있었습니다. 하나님의 뜻이라면 내일쯤이면 출발할 테지요. 그동안 집에서 온 편지는 없었지만, 목포로 돌아가면 반갑게 받아볼 것입니다.

회의는 아주 좋았습니다. 군산 사람들은 우리를 잘 대접해 주었습니다. 이곳 방문을 매우 즐겼습니다. 몸무게도 늘어난 것 같습니다.

한국 선교부를 위해 그는[11] 10,000불을 약속했고, 그의 어머니도 그녀의 만 불 중에서 3,250불과 그의 숙모 역시 10,000불을 약속했습니다. 그리고 그는 더 많은 후원을 위해 노력하겠다고 했습니다. 그는 레이놀즈를 추천했습니다.

"찬송하라, 복의 근원이신 하나님께."

시간이 나면 그에게 감사 편지를 쓰고자 합니다.

이만 총총 줄여야겠습니다. 두 분께 사랑을 한가득, 한가득 보

---

11 한 장이 빠진 듯하다.

냅니다.

하나님의 축복이 함께하시길 기도합니다.

사랑을 담아,

와일리

1909년 8월 10일
목포

이 편지를 군산에서부터 쓰기 시작했습니다. 지난 8월에 일본 기선을 타고 내려왔습니다. 아주 좋은 여행이었고, 아침은 정말 아름다웠습니다. 이제 막 목포에 도착했고, 곧 상륙할 예정입니다. 다시 돌아와서 기쁩니다. 오늘은 당신의 편지를 받을 수 있겠지요. 두 분을 진심 사랑합니다. 두 분을 위해 매일 기도하고 늘 생각하고 있습니다. 많은 사람들이 당신에 대해 묻고, 언제 오시는지 궁금해합니다.

올해는 몬트리올에 꼭 가셔서 여행을 즐기고 큰 유익을 얻으시길 바랍니다.

마태복음 18:19 — 한국에 큰 부흥이 일어나기를 기도해 주세요.

마태복음 9:35-38 — 더 많은 일꾼이 필요합니다.

알렉산더 박사님께 그의 편지가 우리 선교부에 큰 힘이 된다고 말씀드려 주세요.

해리슨 부부(Mr. and Mrs. Harrison)는 목포로 가고, 베너블 씨(Mr. Venable)와 버지니아 존스 양(Miss Virginia Jones)은 군산으로 옵니다. 코넬 양(Miss Cordell)도 목포로 갑니다.

사역은 긴급하고 중요합니다. 한국 전역에 큰 부흥이 일어나기를 기도해 주십시오. 마태복음 18장 19절 말씀을 나눕니다.

요나는 니느웨에서 약 일주일간 설교하자 30만 명 가량이 회개했습니다. 왜 한국에서도 올해 수천 명이 회개하지 못하겠습니까? 매일 이 부흥을 위해 기도해 주세요. 그리고 다른 이들도 함께 기도하며 하나님이 하실 일을 보게 해 주세요.

군산은 지금 번영하고 있습니다. 얼 씨 부인(Mrs. Earles)과 독신 여성들을 위한 아름다운 새 집도 생겼습니다. 앳킨슨기념병원(Francis Bridges Atkinson Memorial Hospital)[12]은 훌륭하고 편리합니다. 오 박사도 매우 훌륭하게 일하고 있으며 평안합니다. 진료소는 두 곳인데 하나는 스테이션에 있고, 다른 하나는 항구에 있습니다.

선교부에서 1,200불을 들여 조제소(약국)를 마련했고, 목포에도 하나 더 필요합니다. 목포를 위한 멋진 계획을 가지고 있다는 사실을 기억해주세요. 목포에 곧 새 병원이 세워지길 희망합니다. 좋은 진료소가 될 것입니다. 교회는 너무 사람이 많아 여성들은 영흥학교를 사용해야 할 정도입니다. 온 도시가 주 앞으로 나아오기를 기도해 주세요. 많은 이들이 이미 복음을 들었습니다.

카긴 씨(Mr. Kagin)[13]가 로건 여사(Mrs. Logan)[14]와 북장로교 선교지 및 연례 회의에 함께 하고자 길을 나섰습니다.

---

12 1906년 알렉산더가 기부금을 보내어 군산 구암동에 새로운 병원을 신축하였는데, 이 병원을 앳킨슨기념병원(Francis Bridges Atkinson Memorial Hospital)이라고 하였다. 1907년에 오긍선이 남장로교 선교사 자격으로 파견되어 치료하였으며, 패터슨이 부임한 뒤에 야소병원이라 하였다.

13 카긴(Edwin H. Kagin)은 청주에서 사역하던 미국 북장로교 선교사이다.

14 로건(Mary Jones Logan, 1856~1919) 선교사이다.

이만 줄여야겠습니다. 자주 편지 주세요. 박사님께서 보내주시는 편지에 진심으로 감사드립니다. 하나님께서 박사님을 더욱 풍성히 축복하시고 사용하시길 기도합니다.

베풀어 주신 모든 친절과 기도, 관심, 노력, 그리고 선물까지 한국 선교회를 대신하여 다시 한 번 감사드립니다.

진심을 담아,

주님의 종

W. H. 포사이드 드림.

1909년 8월 11일

알렉산더 박사님께.

방금 군산에서 돌아왔습니다. 연례회의에서 박사님의 편지를 받았고, 우리가 함께 "만복의 근원 하나님" 찬송을 부르며, 박사님의 한국에 대한 깊은 관심과 노력, 그리고 헌금에 대해 함께 감사의 마음을 나누었습니다.

박사님의 삼촌과 숙모께서 사역에 필요한 헌금을 후히 주신 것에도 감사의 말씀을 꼭 전해 주세요. 진심으로 감사를 드립니다. 하나님께서 여러분 모두에게 축복해 주시길 바랍니다.

시편 41:1-3, 이사야 50장, 마태복음 35:31-41절 말씀을 나눕니다.

"너희가 여기 내 형제 중에 지극히 작은 자 하나에게 한 것이 곧 내게 한 것이니라"(마태복음 25:40)

이번 회의는 은혜로운 시간이었고, 선교지에 몇 가지 변화가 있었습니다. 해리슨 부부는 목포로 갑니다. 베너블씨(Mr. Venable)와 새로 오는 버지니아 존스 양(Miss Virginia Jones)은 군산으로 가게 됩니다. 코델 양(Miss Cordell)도 목포로 갑니다.

사역은 중합니다. 한국에 부흥의 불길이 일어나도록 기도해 주세요.(마태복음 14:14) 요나가 니느웨에 가서 약 일주일 동안 복음을 전하니, 30만 명에 달하는 도시가 회개하지 않았습니까? 한국에서도 올해 안에 어찌 수천 명이 회개하는 일이 불가능하겠습니까? 왜 안 됩니까? 그 일이 일어나도록 기도해 주세요.

그리고 다른 사람들도 기도에 동참하게 기도하여, 하나님께서 어떻게 일하시는지를 함께 지켜봅시다.

군산은 발전하고 있습니다.

우리 사택들도 아름답고 잘 지어졌습니다.

군산 병원도 훌륭하고 편리합니다.

오 박사(Dr. Oh)는 훌륭한 일을 하고 있으며, 건강도 좋습니다.

두 개의 진료소가 각각 언덕과 항구 지역에 있습니다.

선교부는 1,200불을 들여 새 진료소를 만들었고, 목포에도 하나 더 필요합니다.

우리는 목포를 위한 멋진 계획이 있는데, 곧 새 병원이 생기길 바라고 있습니다.

좋은 진료소와 북적이는 교회. 도시 전체가 그리스도께 돌아오기를 기도해 주세요.

많은 이들이 이미 복음을 들었습니다.

전도 구호(slogan)를 가지고 북장로교 노회와 연례회의에 갈 예정입니다.

이제 마무리해야겠습니다. 박사님의 편지에 진심으로 감사합니다. 하나님께서 축복하시고 박사님을 풍성히 사용하시기를 기도합니다. 한국 선교를 위해 기도와 관심과 노력을 기울이시고 후원해 주신 모든 것에 다시 한번 깊이 감사를 드립니다.

한국 선교회를 대신하여 감사드립니다.

진심을 담아,

주의 종,
W. H. 포사이드 드림.

1909년 10월 15일

기독교청년연합회(YMCA)

서울, 한국

알렉산더 박사님께.

한국 기독선교회는 이번 달 서울에서 열린 총회에서 "1910년 한국에서 100만 성도 달성"이라는 표어를 선정했습니다. 주변에 널리 전파해 주십시오. 아울러 우리는 각 가정에 주의 말씀이 전파되기를 원하며, 기독교인들이 저마다 사역하기를 바라고 있습니다. "100만 성도"의 의미는 8만 명의 한국 기독교인들이 각자 한 달에 한 영혼을 전도한다는 것입니다. 무엇이 불가능한 일이겠습니까? 매일 중보 기도 안에서 저희와 연합하여 주십시오. 마태복음 9장 35-38절, 18장 19절, 28장 18-19절. 또한 스가랴 4장 6절에서 힘으로도 아니오 능력으로도 아니라 오직 나의 성령으로 되느니라고 주께서 말씀하셨습니다.

챔먼 박사와 그 일행은 오늘 떠났습니다. 매우 좋은 만남이었습니다. 고린도후서 8:5절의 "저희가 먼저 자신을 주께 드리고"라는 말씀대로 주께서 박사님을 사용하시고 계시는 것을 믿습니다. 우리에게 필요한 남녀 선교사들과 필요한 모든 것들을 보내주십니다. 그 무엇보다 우리는 거룩한 성령으로 채워지길 원합니다. 스가랴 4:6절의 말씀. 모두에게 사랑을 전합니다. 저희를 위해 기도해 주십시오. 그리고 한국과 모든 민족이 구원받을 수 있도록 기도해 주십시오.

주의 사역 안에서,
포사이드 올림.

1909년 12월 15일
목포, 한국

한국 남장로 선교회

알렉산더 박사님께.

　운영위원회의 소집을 받고 전주에서 1월에 회의를 가졌습니다. 주의 은혜로 방금 예산을 받았습니다. 박사님도 아시겠지만 올해 예산이 50,000불 이상 삭감되어 이미 지급된 바 있는 전주의 한 병원을 제외하고는 새로운 선교 지부나 모든 병원의 예산이 삭감되었습니다.

　특별 기부금 같이 부족한 예산을 충당할 길은 없을까요? 저희는 물론 다른 지역의 예산을 축내고 싶지는 않습니다. 다른 지역 역시 같은 일이 반복될 테니까요. 가능한 일을 모두 동원해 주십시오. 저희도 계속 기도하며 사역하고 있겠습니다. 우리가 선을 행하되 낙심하지 말지니 낙심하지 않으면 때가 이르매 거두리라고 하신 갈라디아서 6:9의 말씀과 가난한 자들을 구제하는 자는 궁핍하지 아니 하려니와 못 본 체하는 자에게는 저주가 많으리라고 하신 잠언 28:27의 말씀이 최근 저에게 많은 용기를 주었습니다.

　저희가 당장 도움이 필요한 곳들을 못 본 체하지 않도록 해주시기 바랍니다. 주께서 박사님과 박사님의 권속들에게 모든 일에 축복하시길 기원합니다. 지금은 3시가 넘었으니 지금쯤 박사님께서 잠자리에 들기 전에 저희를 위해 기도해 주실 테지요.

진료소는 눈이 좀 내리긴 하지만 좋은 편입니다. 목포의 날씨는 아주 좋습니다. 이제 약국이 거의 차려졌습니다. 박사님께 사진 몇 장 보내드리고 싶네요. 박사님, 사모님, 아이들 모두 이곳에 와서 저희를 도와주시는 일. 못해 볼 것도 없지 않을까요?

어머님과 진(Jean) 그리고 박사님 내외분과 자제분, 카터 여사님과 니스 심스 양(Miss Nices Sims)과 랜트 박사님과 그 가족 모두 평안하시길 빕니다.

리브스 박사님이 일을 그만두지 않도록 해주십시오. 지금은 도움이 절실합니다. 로체스터 회의에 가고 싶군요. 쉬지 말고 기도하라. 마태복음 9:35-38절과 18:19절 그리고 28장 16-20절 말씀을 새기며, 박사님을 위해 기도합니다. 저를 잊지 말아주십시오.

주의 사역 안에서,
포사이드 올림.

1910년 3월 12일

목포, 한국

스가랴 4장 6절
"힘으로도 아니며 능으로도 아니요 오직 나의 영으로 되느니라"

친애하는 알렉산더 박사님께.

오늘도 주가 하시는 모든 일을 찬양합니다. 주께서 박사님을 사용하신 방법 또한 찬양 드립니다. 박사님의 편지를 잘 받았고, 어젯밤에 선교부 집회에서 낭독하였습니다.

박사님을 통해 행하신 주의 모든 역사에 대해 하늘 아버지께 감사드렸습니다.

주께서 박사님을 더욱 풍성히 사용하시기를 기도합니다.

박사님의 숙모께서 보내신 헌금에 깊이 감사드립니다. 이 헌금은 목포의 여학교와 남학생 기숙사에 배정되었습니다. 즉, 목포 몫으로 5000엔을 받았습니다.

박사님과 가족 모두에게 사랑을 전합니다. 하나님께서 오늘도 한국에서 놀라운 일을 이루고 계십니다.

『한국 선교 현황(Korea Mission Field)』도 읽어 보세요. 박사님께 보내드렸습니다.

마가복음 특별판 50만 부가 주문되었습니다.

수천 명의 한국 기독교인들이 복음 전파에 하루를 헌신하고 있습니다.

　기도가 필요합니다. 계속해서 기도해 주세요. 한국이 전적으로 예수 그리스도의 나라가 되도록, 더 많은 일꾼들을 보내달라고 주님께 기도해 주세요.

　[판독불가]는 오랫동안 병환 중이며, 녹스 여사(Mrs. Knox)도 병중에 있습니다.

　"힘은 적지만" 계속 기도해 주세요. 모든 병원이 문을 닫았습니다. 충주를 제외하고는요.

　새 진료소가 거의 완공되었고, 광주에도 하나, 군산에도 하나 있습니다. (군산은 이미 사용 중입니다.) 오 박사(Dr. Oh)는 매우 바쁘지만, 잘 지내고 계십니다. 그의 일상을 위해 기도해 주세요.

　박사님의 어머님께서 돌아가셨다는 소식을 듣고 기도드렸습니다. 하나님께서 위로의 손길로 상처를 싸매어 주시기를 바랍니다. 우리는 부모님의 희생적인 사랑에 큰 빚을 지고 있습니다.

　저는 매일 저희 어머님을 위해 기도하며, 하나님의 축복을 구합니다. 어머님께서는 건강히 잘 지내신다고 편지를 보내주셨습니다. 하나님은 저희에게 너무도 좋으신 분이십니다.

　감당할 수 없을 만큼 큰 복을 부어주십니다.

　혹시 미국에서 도브 여사(Mrs. Doves)와 그녀의 아들 조지 씨(Mr. George T. B. Doves)를 만나실 수 있을까요? 한국에 와 계시던 분들입니다. 그들은 3월 3일 인도호를 타고 미국으로 출국할 예정입니다. 박사님께서 만약 워싱턴에서 열리는 S.S. (주일학교) 대회나 알렉산더의 집회에 참석하신다면 거기에서 꼭 만나시길 바랍니다.

한국을 향한 기도의 응답에 관한 보고서도 읽어 보세요.

우리는 사역을 위해 수많은 장소를 방문했습니다. 그 결과, 수천 권의 복음서가 배포되었습니다. 많은 이들이 찾아오고 있습니다. 그들을 위해 기도해 주세요.

사모님과 아이들에게도 사랑을 전합니다. 그들도 언젠가 꼭 방문해 주시면 좋겠습니다.

"마케도니아로 와서 우리를 도우라"(행 16:9)

"추수할 것은 많되 일꾼이 적으니,

그러므로 추수하는 주인에게 청하여

그 추수할 일꾼들을 보내 주소서 하라"(마태복음 9:37-38)

다시 말하노니,

너희가 땅에서 무엇이든지 매면 하늘에서도 매일 것이요,

땅에서 무엇이든지 풀면 하늘에서도 풀릴 것이다.

두 사람이 합심하여 무엇이든지 구하면 이루어질 것이며,

두세 사람이 내 이름으로 모인 곳에는 나도 그들 중에 있느니라.

(마태복음 18:18-20)

사랑을 담아,

W. H. 포사이드 드림.

목포, 1910년 3월 12일

친애하는 알렉산더 박사님께,

몇 가지 조정된 문서를 동봉합니다.

목포 사역과 관련된 부분입니다.

박사님께 도움이 되었으면 합니다.

체스터 박사님(Dr. Chester), 리브스 박사님(Dr. Reaves)과 이 문서에 대해 이야기해 보세요.

가능하다면 오늘 중으로 배편에 실을 수 있도록 서둘러 주세요.

계속 기도해 주세요.

주의 사역 안에서,

WHF

1910년 6월 7일

한국, 목포

알렉산더 박사님께.

"만복의 근원 하나님께 찬양 드립니다."

방금 한국을 위한 7만 5천 달러의 후원 소식을 들었습니다.

"여호와의 인자하심과 인생에게 행하신 기적으로 말미암아 그를 찬송할지로다"(시편 107편 8절, 15절, 21절, 31절)

이 귀한 선물을 주신 하나님께 감사드리며, 크고 작은 정성으로 기여해주신 모든 분들께도 깊은 감사를 드립니다.

이것은 하나님의 축복 아래 한국을 위한 위대한 일들을 가능하게 할 것입니다.

우리는 지금 사역의 보강을 위해 기도하고 있습니다.

"추수할 것은 많되 일꾼이 적으니,

추수하는 주인에게 청하여 일꾼들을 보내 주소서"

(마태복음 9:37-38, 18:19-20, 28:16-20)

한센인들에 대한 특별한 관심이 필요합니다. 지금 우리 마당에는 세 명의 환자가 밥을 먹고 있습니다. 네 번째 남자도 감염된 것처럼 보여 걱정이 됩니다. 그들은 집이 없고, 나라를 떠돌아다닌다고 합니다. 그러나 이들은 복음에 매우 민감한 반응을 보입니다. 정성껏 치료하면 일부는 놀라운 회복을 보이기도 합니다.

이들을 위해 기도해 주세요. 우리 주 예수 그리스도께서도 이들을 얼마나 자주 고치셨습니까? 1만 5천 달러의 헌금에도 감사와 찬양을 드립니다.

이 기금을 모아주신 모든 분들께 감사를 전해 주세요. 하늘 아버지께서 박사님께 더욱 풍성한 복을 내리시길 기도합니다.

박사님의 숙모, 풀러턴 여사의 헌금은 4곳의 선교 지부에 5,000엔씩 균등하게 분배되었습니다.

목포는 여학교 건축에 사용하기로 했습니다. 올해는 여학생이 75~80명 정도 있는데, 건물이 꼭 필요했습니다.

풀러턴 여사께 후원금이 얼마나 감사하고 긴요하게 사용되는지 감사를 전해주세요. 그리고 한국에서 여러 해 동안 북장로교 선교사로 사역하시는 애니 L. 베어드 여사가 쓴 『한국의 새벽(Daybreak in Korea)』을 권해 주세요. 한국의 현실과 필요를 이해하는 데 도움이 될 것입니다. 박사님도 아직 안 읽으셨으면 꼭 읽어 보세요.

이제 새 병원도 갖게 될 것 같습니다. 이 또한 하나님께 찬양! 프레스턴 씨와 함께 최근 제주도를 다녀왔습니다. 목포에서 작은 배로 약 14시간 거리입니다.

제주 사람들은 정말 간절한 도움이 필요합니다. 목포에서 파견된 한국인이 그곳에서 1년째 사역 중입니다. 교회에는 60~100명 정도가 출석하고 있으며, 주일예배에는 사람들이 꽉 찼습니다.

진료소에도 사람들로 북적였습니다. 도움이 절실합니다.

한 사람은 폭발 사고로 심하게 다쳐 우리와 함께 돌아왔습니다.

진료가 새벽부터 시작되어 예배 시간을 걱정해야 했습니다.

그만큼 절박한 상황입니다.

우리는 그곳에 소년 하나를 남겨 두고 의료 업무를 돌보게 했습니다. 하나님이 허락하신다면 이달 중에 다시 다녀올 예정입니다. 편지 주세요.

박사님과 가족들, 아이들에게 사랑을 전합니다.

마태복음 9:35-38, 18:19-20, 28:16-20 말씀을 나눕니다.

계속 기도해 주세요.

하나님은 우리에게 선하신 분입니다.

녹스 여사(Mrs. Knox)는 건강이 매우 좋아졌고, 톰슨 씨(Mr. Thomson)는 위장과 장 문제로 아팠지만, 지금은 회복 중입니다.

주의 사역과 일꾼들을 위해 기도해 주세요.

주의 종,

W. H. 포사이드 드림.

160명.

목포의 남성 성경공부반에 160명 출석, 개인 전도 약속이 3,000일 이상, 마가복음 특별판 80만 권 발간이 지난 번 보고 내용이었으며, 여러 지역에서 7만 일 이상의 개인 사역이 약속되었습니다.

목포의 새 교회 건축을 위한 헌금, 여성들이 자신의 결혼반지를 드렸습니다. 남 군 여사(Mrs. Nam Goon)는 30년간 끼고 있던 반지를 헌금했습니다. 최근 주일에는 30리(약 10마일, 16km) 떨어진 곳에서 걸어서 교회에 온 여인 두 명이 있었습니다. 그들은 새벽에 일어나 교회에 걸어왔고 예배 후 다시 10마일을 걸어 돌아갔습니다. 한 분은 50세이고 다른 분은 "60세"나 되었다고 했습니다.

이들은 약 1년 전, 위에 언급한 성경 여교사인 남 군 여사에게서 복음을 들었다고 합니다. 이들에게 기회가 주어져야 합니다. 모두가 예수님을 알 수 있도록 기도해 주시고, 하실 수 있는 모든 것을 다 해주시기 바랍니다.

1910년 10월 11일

알렉산더 박사님께.

제 여동생이 편지를 썼기에 저도 그녀의 편지에 조금 덧붙이고 싶습니다. 그녀의 방문은 정말 큰 축복이었습니다. 제가 그녀를 얼마나 보고 싶어 했는지 그전까지는 몰랐습니다. 그녀는 제 방을 완전히 다른 분위기로 바꿔 놓았습니다. 목포에 새로 지은 집들은 아주 훌륭합니다. 우리를 위한 집도, 하나님께서 허락하신다면 곧 지붕을 얹는 단계에 이를 것입니다. 평신도 여러분들이 자신들의 헌금으로 얼마나 훌륭한 집이 지어지고 있는지를 보신다면 참으로 기뻐하실 것입니다. 이제 일꾼들만 함께 와 준다면 더할 나위 없겠습니다. 그 부분에 대해서도 박사님께서 하실 수 있는 일이 없을까요?

지금 필요한 일꾼의 수는 다음과 같습니다: 안수받은 목사 여섯 명, 의사 두 명, 교육 사역을 위한 남성 세 명, 전도 사역을 위한 미혼 여성 두세 명, 그리고 훈련받은 간호사 두 명. 이들은 현장에 당장 필요한 인력입니다. 부디 이들을 보내는 일을 위해 최선을 다해 주세요.

지난해 우리의 인력은 여러모로 심하게 부족했지만, 그럼에도 하나님께서는 놀랍도록 복을 주셨습니다. 만약 우리가 현장에 적절한 인력을 갖출 수 있다면, 얼마나 더 큰 일을 기대할 수 있겠습니까?

해리슨 씨와 맥컬리 부부, 그리고 녹스 씨는 지금 모두 출타 중이라, 이곳 선교 본부는 다소 한산한 상태입니다. 그들은 날씨가 좋은 틈을 타 사역을 하고 있습니다. 지금 서울에서는 대규모 집회가 열리고 있습니다. 서울지역 신문에서 보니 한 집회에 800명 이상이 참석했고, 150명이 세례를 받았다고 합니다. 아마도 아주 은혜로운 집회가 되고 있는 것 같습니다.

서울 전체가 지금, 우리 주 예수 그리스도를 위해 복음을 듣고 주께로 돌아올 수 있도록 기도해 주십시오. 서울 집회가 끝나면 지방 중심지들에서의 전도 캠페인이 이어질 예정입니다. 이 모든 일에 하나님의 축복이 반드시 필요합니다.

"힘으로도 되지 아니하며 능으로도 되지 아니하고 오직 나의 영으로 되느니라"(스가랴 4장 6절) - 주님의 말씀입니다.

사랑을 담아. 꼭 편지 주세요. 사모님과 [판독불가] 박사님께도 안부 전해주세요.

주의 사역 안에서,
W. H. 포사이드

1910년 11월 16일
목포, 한국

목포 선교지
로버트 녹스 목사 부부
맥컬리 목사
PROR. 베나블
줄리아 마틴 양
포사이드 의사

한국 남장로교 선교회
전화 및 케이블 주소:
(성), 목포.
케이블 코드: "해외 선교."

알렉산더 박사님께.

짧게 편지 올립니다. 불 씨로부터 추가 송금을 받았는데, 박사님께서 보내주신 것이라고 하더군요. 한국을 위해 베풀어주신 모든 일에 진심으로 감사드립니다. 이사야서 58장과 시편 41:1-3, 마태복음 25:16-41의 말씀을 전합니다.

저희들은 요즘 무척 바쁘답니다. 새로운 집은 좋은 지하실과 다락이 딸린 석조 2층집으로 퍽 좋습니다. 어떤 이들은 선교사들이 살기에는 지나치게 좋은 것이라고들 하지만, 어쨌거나 주께서 축복하시리라 믿고, "그는 우리의 죄를 따라 대하지 아니하시고 우리의 죄악을 따라 갚지 아니하셨느니라."는 말씀대로 비천한 저희들에게 자비를 베푸심에 감사를 드립니다.

당장 현장에서 일할 사역자들의 중요성을 먼저 말씀드리지 않을 수가 없군요. 크리스마스 전에 사역을 시작할 수 있도록 그들을 움직이게 할 만한 무슨 조치가 없는지 알아봐 주십시오.

지금은 매일 손실을 보고 있습니다. 행사에 사람들이 너무 빠르게 모여들어서 현장에서 그들을 미처 다 대하지 못하고 있습니다.

필요하시다면 신학교에 개별적으로 방문하여 도움의 손길이 필요하다는 것을 알려주셔서 그들이 당장 응할 수 있도록 해주시고, 또한 목회하는 분들에게도 알려주셨으면 합니다.

연례 회의에서 현재 필요한 사항을 정리한 특별 서한을 마련하였습니다. 사람이 더 필요한 일로 발전시키지 않도록 철통같이 만드는 것이 현명한 것인지는 모르겠으나, 당장은 현장에 일꾼이 더 보내진다면 큰 진전이 있을 것이고, 적어도 얼마쯤은 변화하는 상황을 감당할 특수 임무에 해결책이 될 것입니다.

부디 어떠한 일보다도 먼저 이 일에 관심을 기울여 주시길 부탁드립니다. 지금이 아니면 우리 사역의 활력이 크게 떨어지게 될 것입니다. 이 일이 당장 이루어지도록 주께서 지켜주시길 기도합니다.

주의 사역 안에서
마태복음 9:35-38; 18:19-20; 28:16-20:
포사이드 올림.

1912년 1월 5일
우드번 하우스
켄터키주 스프링 지부

시편 68:19; 107:8, 15, 21, 31; 스가랴 4:6-7
알렉산더 박사.

알렉산더 박사님께.

주께서 함께하시기를 원합니다. 민수기 6장 22-27절 말씀입니다. 주께서 이 말씀을 박사님 마음에 심으시고 저희를 기억하게 하시니 감사합니다. 주께서 박사님이 베푸신 모든 친절을 보응해 주시길 기원합니다. 주님은 우리에게 풍성한 은혜를 주셨습니다. 저는 채터누가(Chattanooga) 회의를 위해 주가 역사하시길 여전히 바라고 기도합니다. 모든 교회가 온전히 소명을 다하기 위해 일어서야 합니다. 그리고 모든 수단을 동원하여 교회가 나타나는 것을 가서 보도록 하십시오. 저는 며칠간 꼼짝 않고 지냈는데, 좀 나아진 것 같아서 하나님께 감사드립니다. 매순간 매일의 삶이 얼마나 감사한 것인지요.

주를 더욱 더 찬양하고 항상 더욱 신실하게 주를 섬기도록 합시다. 때를 아껴야 합니다.

때가 아직 낮이니 나를 보내신 이의 일을 우리가 하여야 하리라: 밤이 오리니 그때는 아무도 일할 수 없느니라.

이것이 우리의 말과 일상이 되도록 저희를 도우실 것입니다.

최근 오 박사에게서 그가 목포에 갔다는 사실과 그곳 일에 관해 적은 편지를 받았습니다. 하딩 박사가 그곳에 적응해가고 있는 듯합니다. 프리쳇 박사가 한국에 관심을 가질 수 있도록 주께서 도우시길 기도합니다. 에머슨 스미스 박사는 무엇을 하시기로 했나요? 프레스턴 씨가 크리스마스 휴가 중에 그를 만나고 싶다고 하던데, 아직 소식을 듣진 못했습니다.

계속 기도하고 사역하면서, 마태복음 9:35-38절과 18:19-20절, 28:16-20절, 고린도전서 15:58절 말씀을 전합니다. 어머님과 진 (Jean)이 안부를 전합니다. 그들 모두 좋아졌습니다. 주께 찬양.

댁내 두루 모든 이들에게 사랑을 전하며, 루트 박사와 베르사유에 있는 친구들을 보시게 되면 그들에게도 안부를 전해 주십시오. 오셔서 저희들을 방문해 주시기 바랍니다.

주의 사역 안에서,

포사이드 올림.
148 이스트 브로드웨이,
켄터키주 루이빌

1912년 3월 14일

시편 68:19; 107:8, 15, 21, 31; 스가랴 4:6-7. 마태복음 9:35-38.
마태복음 18:19-20; 28:16-20; 고린도전서 15:58; 역대하 15:7.

알렉산더 박사님께.

주가 박사님과 함께하십니다. 민수기 6:22-27절 말씀.

주께서 저희가 계속 기도하며 일하도록 도우십니다. 고린도전서 15:58.

어제 박사님을 못 뵈어서 아쉬웠습니다. 어젯밤 기도회에서 리옹 박사와 약속이 있었습니다. 그래서 급히 서둘러야 했지요. 열차 안에서 박사님께 카드를 썼지만 조금 더 쓰겠습니다.

하나님께서 박사님께 국내외의 큰 집회와 커다란 부흥을 이루게 하실 것을 믿습니다. "선교사 800, 연간 백만 달러 모금" 어째서 불가능한 일이겠습니까? 우리가 주를 위해, 또한 주가 사랑하시어 구원하러 오신 사람들을 위해 이 일을 행하도록 주의 이름과 능력으로 우리를 도우십니다.

박사님께서 고려해 주십사 하는 내용이 몇 가지 있습니다.

1. 중국 기근입니다. 기근구호위원회에서는 이것이 현대 기근 중에서 가장 심각한 것이며 주변 수천 평방 마일의 면적과 백만 명에 이르는 인구에 영향을 끼치고 있다며, 즉각 조치가 취해져야

한다고 발표했습니다. 박사님께서 하실 수 있는 일이 있으면 해주시고, 회의에서 참석한 사람들에게 이 일을 맡아할 수 있도록 해주시며 저희들도 도움이 될 만한 일을 할 수 있도록 해주십시오.

미국에 100만 달러가 요청되었습니다. 워싱턴 국무부에 의해 기금이 무료로 전송되었습니다.

교회와 주일학교, 주간학교, 개별 호소나 신문 등 가능한 모든 방법을 사용해 주십시오. 렉싱턴 헤럴드는 구독자들을 대상으로 칼럼을 쓰겠다고 했는데, 벌써 도와주겠다는 사람이 있다고 했습니다.

루트 박사도 돕고 싶다고 하셔서 그를 방문하러 왔습니다. 박사님께서 기근 문제로 오시기 바로 전에 벨 헌터 양이 윌리스 여사 댁에 있던 날에 내게 봉투 하나를 건네주었습니다. 그녀가 내게 한 마지막으로 한 말은 기근에 관한 것이었으며, 좀 더 많이 하지 못해 아쉬워하면서 윌리스 여사님에게도 알리고 싶다고 했습니다. 박사님께서 하실 수 있는 것이 있으시면 해주십시오.

2. 필요한 일꾼, 선교사 800명 확보하기.

이것이 우리가 해야 할 가장 큰 일입니다. 기도와 노력이 필요합니다. 교회 전체를 대상으로 한 선교 설교 캠페인에서 주어진 주요 사역지마다 최소한 한 번 이상씩의 설교가 이루어져야 합니다. 선교학에서 말하는 캠페인이 가능한 "우리의 4대륙"이란 교회 안에 있는 선교기관들과 대학 및 학교들, 주일학교들, 개인 사역지를 일컫습니다.

3. 모든 선교사들과 필요 장비들을 한 번에 지원하기. 박사님은 올해 우리 주 예수 그리스도를 위해 2만 5천 명의 영혼을 구하고 해외 사업을 위해 백만 달러를 확보하기 위해서 연합장로교회가 얼마나 큰 노력을 했는지 아시리라 생각합니다. 3월은 모든 장로교 연합 교회 내에서 동시다발적인 캠페인을 하면서 그들 사역에 필요한 백만 달러를 모금을 위해 기독교인들이 노력하는 달이랍니다.

4. 교회 전체에 있는 평신도 회의. 장로교단의 노회마다, 그리고 모든 총회와 노회, 장로회 회의 때마다 훌륭하고 생생한 선교사 프로그램을 갖기. 이런 식으로 주요 문제들을 가능한 한 전체 교회 앞에 놓고, 학생들과 여러 협의회 안에서 지속적으로 유지해 가야 합니다.

5. 한센병 가정과 직업학교들, 그리고 우리가 이야기했던 특별한 도움들. 이러한 것들이 지금 절박하게 필요합니다. 긴급한 요구들입니다.

드릴 말씀은 많으나 이 편지를 오후 우편으로 보내야 해서 이만 줄입니다. 우리를 위해 기도해 주십시오. 어머님과 진(Jean) 모두 건강하시길 빕니다. 하나님의 뜻을 행할 수 있도록 인도해 주시길 기도 부탁드립니다.

사랑을 담아,
주의 사역 안에서

포사이드 올림.

148 이스트 브로드웨이
켄터키주 루이빌

1912년 5월 21일

시편 68:19; 107:8, 21, 31. 스가랴 4:6-7. 마태복음 9:35-38; 18:19-20; 28:16-20. 고린도전서 15:58; 역대상 15:7. 시편 41편; 나-3. 잠언 28:27. 마태복음. 25:31-38. 요한일서 3:17-18.

알렉산더 박사님께.

하나님이 당신과 함께 하십니다. 신명기 6:22-26.

박사님의 기도 동역자들을 통해 우리에게 도움의 손길을 보내 주시는 주님을 찬양합니다. 하나도 남김없이 모두 우리에게 주시는 주는 항상 얼마나 좋으신지요. 언제나 하나님을 더욱 더 경배하고, 섬기며 사랑합시다.

중국의 기근에 관해 몇 가지 부가적인 사항들을 보내드립니다. 지금 그곳은 도움이 매우 절박한 것 같으며, 늦어도 8월 전에는 지원이 이루어져야 합니다. 조그마한 주일학교 신문인 "온워드" 5월 16일자는 "우리들의 영혼을, 우리들의 영혼을 구해 주세요" 하며 긴급 구조를 요청하였습니다. 박사님께서 하실 수 있는 모든 방법을 동원하여 도와주시고, 다른 많은 이들도 관심을 갖게 해 주십시오.

생명을 구하는 쉬운 길이 여기에 있습니다. 카네기 씨(Mr. Carnegie)는 생명을 구한 사람들에게 메달을 수여합니다. 위원회의 말은 이 작업은 잘 조직되어 있어서, 한 번에 3백만의 생명을 구할 수도 있을 것이라고 합니다. 우리를 구원하셨으며, 이 백성들 또한 구원하시려고 자신의 목숨을 버리신 주를 위해 이제는 우리가 구할 수 있는 생명들을 구합시다.

저는 지금 집에서 쉬면서 즐겁게 지내며 차차 나아지고 있어서 지금으로선 배틀크릭(Battle Creek)으로 가지 않아도 될 것 같다는 기쁜 소식을 박사님께 전합니다. 박사님께 하나님의 축복이 더하시기를 기원합니다. 치료를 위해 저를 배틀크릭으로 보내고자 박사님의 마음을 움직여주신 주께 깊이 감사드립니다. 하지만 저는 집에서 쉬면서 곧 회복할 수 있을 것 같습니다.

박사님께서 이곳 집회에 참석하지 못하신다니 아쉽습니다. 아주 큰 모임입니다. 프로그램을 보면, 사전집회로 선교사 대회가 있습니다. 내년에 있을 굵직한 프로그램의 개요가 나와 있는데, 선교사 교육, 교회 주일학교, 노회 기관, 장로회 방문 캠페인, 인류동포애, 남성 클럽, 청년 사회, 채터누가(Chattanooga) 교단의 요구에 맞춰 3개의 커다란 평신도 대회가 있습니다. 하나는 내슈빌에서, 또 하나는 캔자스시티에서, 그리고 텍사스 어딘가에서 하나가 있습니다.

이와 같은 모임을 위해 우리 교회의 모든 총회와 노회, 장로회 앞에서 함께 노력하고, 계획하며 기도합시다. 800명의 선교사와 100만 달러의 선교사가 한 번에 달성되는 선교 플랫폼이 갖추어지도록 힘껏 일합시다. 고린도 전서 16:23-24.

[판독불가]

포사이드 올림.

1912년 12월 13일

하나님은 당신과 함께하십니다. 민수기 6:22-27

만군의 주가 말씀하시되 힘으로도 되지 아니하고 능력으로도 되지 않으며, 오직 내 영으로 된 것이라. 스가랴서 4:6-7

알렉산더 박사님께.

12월 11일 자 『크리스천 옵저버』 사설 4면에 주(州)와 주 간의 주류 거래에 관한 글을 살펴봐 주십시오. 12월 16일 상원 일정에 올라와 있는 이 법안이 반드시 통과될 수 있도록 박사님께서 최선을 다해 주시기 바랍니다.

박사님의 지역구 등에서 모든 [판독불가]를 받아, 상원의원과 하원의원들에게 편지를 보내고, 다른 곳에 있는 친구들도 그곳의 지역구 내의 의원들께 같은 노력을 하도록 부탁해 주십시오.

하나님께서 술 거래가 없어지도록 해주시기를 기원합니다.

주의 사역 안에서
포사이드 올림.

켄터키주 루이빌

1913년 4월 23일

하나님은 당신과 함께 계십니다. 민수기 6:22-27.
만군의 주가 이르시되 이는 힘으로도 되지 아니하고 능력으로도 되지 아니하며 오직 나의 영으로 되느니라. 스가랴서 4:6-7.

알렉산더 박사님께.

중국을 위한 기도의 날로 4월 27일을 정한 것을 들으셨는지요? 『웨스트 렉싱턴(W. Lexington)』 신문을 보십시오. 교회를 위한 기도가 필요합니다.

교회에는 확실히 도움이 필요합니다. 의회에서 아편 법안이 통과되어 미국의 각 주와 국제 사회에서 아편이 억제되도록 기도해 주십시오. 4월 『미션 리뷰(Mission Review)』가 세상 밖으로 나오자 중국의 아편 금지 운동을 무력화하려는 움직임을 보십시오. "중국의 5대 요소들" 등등 하면서 말이지요. 우리 교회가 지금 중국에서 선교의 사명을 온전히 다할 수 있도록 기도해 주시고 사역해 주십시오. 중국에 필요한 것들이 많은데 부적절한 방향으로 흘러가는 것을 생각하면 안타깝기 짝이 없습니다.

누가복음 10:1-2; 11:1-13; 15:1-14; 24의 말씀을 나누며,
박사님의 쾌유를 빌며, 모두에게 사랑과 하나님의 축복을 기원합니다.

주께 찬양,

포사이드

1913년 5월 10일

하나님은 당신과 함께 계십니다. 민수기 6:22-27.
만군의 주가 말씀하시되 이는 힘으로도 되지 아니하고 능으로도 되지 아니하며
오직 내 영으로 되느니라. 스가랴 4:6-7.

알렉산더 박사님께.

하나님께서 박사님을 축복하사 더욱 더 주의 영광과 주의 나라
가 온 땅에 확장되는 일에 사용하시기를 기원합니다.

다가오는 총회가 하나님의 섭리 안에서 총회 내내 선교적이고
복음적이도록 기도하고 계획하며 노력해 주시기 바랍니다.

야고보 1장 27절 말씀처럼 정결하고 더러움 없는 경건이 전 세
계에 부흥되는 위대한 일을 위해 일어나는 모든 일에 성령께서
축복하시고 인도해 주시기를 기도해 주십시오.

지금 당장 중국 전역을 차지할 수 있도록 촉구해 주시기 바랍니
다. 만약 이 땅에서 놀라운 기회를 얻지 못한다면, 그것은 중국과
전 세계적으로 말할 수 없는 손실을 보게 될 것이라고 생각해 보
세요. 존 R. 모트 박사가 아시아 선교에 대해 쓴 보고서를 보셨는
지요? 이 지역에는 모두 형언하기 어려운 놀라운 발전이 있습니
다. 중국 학생들의 각성을 보면 이 땅에 즉각적이고도 적절한 선
교 영역이 정착되어야 한다는 것을 전 기독교계를 깨달아야 할
것입니다. 총회에서 모트 박사가 공청회를 열 수 있도록 기도해

주시기 바랍니다. 그는 이제까지 있던 중에서 가장 위대한 메시지를 가지고 있다고 생각합니다. 총회의 거의 모든 사안들보다 우선시 되어야 하니, 모트 박사가 그곳에 갈 수만 있다면, 낮이든 밤이든 특별 순서로 만들어도 좋겠습니다. 총회의 세부 사항을 담당자들과 함께 이 문제를 의논해 주셨으면 합니다.

코이트 씨로부터 한국 소년들을 위한 농업학교에 관하여 진심으로 동의하는 편지를 받았습니다. 그는 이것이 우리가 당면한 과제의 본질이라고 말합니다.

사거 형제(Br. B. G. Sager)는 이곳 신학교 학생인데, 부인과 어린아이와 함께 사실상 참여할 준비가 되어 있습니다. 그는 고향에서뿐 아니라 네브래스카에 있는 대학에서도 농업 관련 일을 좀 했습니다. 코이트 씨(Mr. Coit) 말에 의하면 시작하는 데에 약 5,000달러가 필요하며, 토지와 장비에 대해서는 적어도 10,000달러가 나중에 있어야 한다고 말합니다. 캘리포니아에서 외지인 법이 까다롭게 바뀐 이후로, 이 땅을 가능한 한 빨리 취득하는 것이 지혜로운 선택이 아닐까요? 제발 기도해 주세요. 총회에 가시는 길에, 우리를 방문해 주실 수 있기를 빕니다. 박사님께 의논드릴 일이 몇 가지 있기도 하고, 박사님을 다시 뵙게 되면 아주 기쁠 것입니다. 지난번 방문은 너무 짧고 급했습니다.

"중국을 위한 긴급 구조 요청: 왜 한 번에 이루어지면 안 되나?" 이와 관련해 한 부를 동봉합니다. 이 일은 급히 이루어져야 할 요청이며 하나님의 은총 안에서 이루어질 수 있으며, 지금 하고 있는 다른 사역들과 상충하지 않고, 오히려 다른 사역에 도움이 될 것입니다. 박사님께서도 한국에서 도움을 구하는 특별 요청이 얼마나 빠르게 이루어졌는지 아시지요. 현재 미국에 중국 선교사들이 몇 명 있는데, 그들이 중국을 위해서 발 벗고 나설 탄원서를 내놓을 수 있습니다.

어제 저녁에는 신학교 졸업식이 있었습니다. 혹시 박사님이 오셔서 보실 수 있기를 바랐습니다. 졸업식은 훌륭했지만, 졸업반 중단 한 명도 외국 선교를 지원하지 않았습니다. 올해 5개의 신학교에서 선교사 후보가 단 한 명도 나오지 않았다니 슬픈 일 아닙니까? 어떻게 해야 이 문제를 해결할 수 있을까요? 설교자가 없는 교회나 교사 없는 학교, 의사와 간호사와 조사가 없는 병원이 무슨 소용이 있겠습니까? 가정과 교회, 주일학교 및 대학과 대학교, 신학교에서 선교사들을 위한 강력하고도 위대한 캠페인들이 필요하지 않을까요? 우리 교회에서 그런 캠페인을 독려해 주십시오.

현재는 잘못 가르치는 사례들이 엄청나게 늘어나고 있습니다. 이에 맞서기 위해서 캠페인이 필요합니다. 동봉한 폴더를 참조해 주십시오. 널리 퍼진 다윈주의 혹은 러셀주의의 사례들이 있습니다. 이 작은 종잇조각들이 집 앞마당에 던져지고 있습니다. 온 땅에 하나님 말씀의 참된 가르침이 되살아나도록 하는 것이 불가능한 것은 아니겠지요? 한국의 성경 집회 같은 것을 미국 상황에 맞추어 조정하여 실행해 보면 어떨까요? 순수한 복음 전파를 위해 연합된 복음주의 운동과 함께 말이지요. 요한복음 3:16-36; 로마서 10:8-17; 사도행전 16:31; 요한복음 1, II, III, 요한계시록 21:22.

이것은 아마도 평신도 운동으로 이루어질 수 있을 것입니다. 우리의 구세주를 위하고 또 그분이 사랑하시는, 길 잃고 방황하는 영혼들을 위하여 박사님께서 하실 수 있는 것을 해주십시오.

우리를 축복하고 계시는 하나님을 찬양하라. 시편 67편.

주의 사역 안에서
포사이드 올림.

1335 사우스 퍼스트 스트리트
켄터키주 루이빌

1913년 7월 11일

알렉산더 박사님께.

댁내 모두 안녕하신지요? 오랫동안 적조하였습니다. 다시금 건강히 지내시기를 기원합니다. 코이트 부부의 두 아이들이 죽었다는 소식이 너무 슬프지 않던가요? 오 박사의 편지를 참조해 보십시오. 그는 좋은 분입니다, 그를 위해 기도해 주세요. 혹시 최근에 편지하지 않으셨다면 그에게 편지를 써 주십시오. 주일학교가 모두를 위한 주일학교가 되도록, 그리고 주일학교에 있는 모두를 위해 기도해주십시오. 스와인하트 씨(Mr. Swinehart)가 주일학교를 조직하는 데 일을 참 잘 해왔습니다. 만일 그가 정규적인 주일학교 업무에 들어가게 되면, 한 사람이 더 필요할 것입니다. 프리윗 페인(Prwitt Payne) 부부가 요청에 응할까요? 박사님께서 그들을 만나시게 되면 이야기를 나눠봐 주십시오. 사거 씨(Mr. Sager)는 네브라스카에 있는 아버지 집에서 지내고 있으며 여전히 농산업 일에 관여하려 한다는 편지를 보내왔습니다. 윌슨 박사(Dr. Wilson)의 동생도 올가을에 사역현장으로 나갈 예정이랍니다. 주의 뜻이라면 말이지요. 카메론 존슨 씨(Mr. Cameron Johnson)는 월급과 비용 대부분을 마련했다고 편지를 보내왔던데, 한동안 소식을 듣지 못했습니다. 엘리스 씨(Mr. W. T. Ellis)가 총회에서 박사님을 뵈었다는 소식을 전하는 기분 좋은 편지를 받았습니다. 올해 몬트리트(Montreat)에 오실 건가요? 웨스트 렉싱턴에서 온 훌륭한 대사를 기용해 보심이 어떠하실까요?

　우리 모두에게 주의 은총이 더욱 더 넘치기를 빕니다. 주를 찬양하며, 시편 67:100, 107:148-150 말씀을 드립니다.

　모두에게 사랑을 전하며,
　주의 사역 안에서,

　포사이드 올림.
　1335 사우스 퍼스트 스트리트,
　켄터키주, 루이빌

1913년 11월 19일

하나님이 함께하시기를 빕니다. 민수기 6:22-27
만군의 주가 말씀하시기를 힘으로도 되지 아니하고, 능으로도 되지 아니하며,
오직 내 영으로 되느니라.

알렉산더 박사님께.

주께서 항상 박사님과 함께하시며, 사랑하는 가족 모두에게 더
욱 더 강건함을 주시기를 기원합니다. 지난번에 박사님을 잠깐이
나마 뵐 수 있어서 좋았습니다. 방문만 했을 뿐인데 열기가 대단
했습니다. 언젠가 느긋이 대화할 수 있는 만남을 가질 수 있겠지
요. 훈련학교에 있는 여성분들께 아직 연락하지 않았습니다. 오늘
전화로 찾아보려고 했습니다. 그런데 그레이스 양(Miss Grace)이 여
기에서 캔자스시티까지 함께 갔다가 돌아와 줄 것 같았습니다. 그
러니 만일 주의 뜻이라면, 그녀가 갈 수 있도록 조치해 주십시오.
뉴욕에 있는 자원봉사회에서 [판독불가]를 얻기 바랍니다. 시간이
촉박하니 터너 씨(Mr. Turner)에게 바로 편지를 써 주세요. 그리고
캔자스시티에서 즐길 수 있는 것들을 준비해 주세요. 모든 대학의
대표들을 모으기 위해 박사님께서 하실 수 있는 최선을 다해 주시
기 바랍니다. 이것은 대학 생활에서 중요한 행사이며 놓쳐선 안
되는 행사입니다. 우리는 자원봉사자 협의회 참석으로 은혜를 입
은 자들로서 우리는 이 축복을 물려주어야 합니다.

우리는 이곳 교회의 채무[판독불가] 마련을 위한 활동에 참여하고 있습니다. 동봉한 것을 살펴봐 주십시오. 실질적으로 효과가 있습니다. 어제 긍정적인 반응이 있었습니다. 최종적으로 [판독불가] 주의 뜻이라면 결실이 있을 것입니다. 하나님의 선하심을 찬양합니다. 시편 110:1-3; 115:1.

또한 유대인들을 위해서도 무언가를(?) 계획하고 있습니다. 창세기 12장 1-3절, 22절 시편 122편, 이사야 62장 5-6절, 로마서 10장 11절.

주의 뜻이라면 그들을 위해 무언가 할 수 있도록 도와주시길 빕니다. 이 일을 축복하실 것입니다. 카드를 보시기 바랍니다.

켄터키주에서 열리는 평신도 회의에 이 선한 목적의 캠페인을 벌일 수 있는지 확인해 주십시오. 아마도 로렌드 씨(Mr. Rowland)가 방해할지도 모르겠습니다. 그렇다면 백만(Million) 캠페인 역시도 자동적으로 진행되지 못하게 하십시오. 토론토에서 열린 기독교 대회에서 코리 씨(Mr. Cory)에게 선교 사업을 위해 2백만 달러를 삭감하도록 승인하는 것을 보았습니다. "일꾼들과 수백만 달러 기금 운동" 우리도 똑같이 합시다.

모두에게 사랑을 전하며
주를 섬기는 종,
W. H. 포사이드,
1337 8. 퍼스트 스트리트
누가복음 10:1-3; 11:1-13; 18:1-14; 24 A

1913년 12월 17일
에베소서 6장

알렉산더 박사님께.

하나님께서 박사님과 가족 모두에게 함께하셔서 강건함을 허락하시길 기원합니다. 저희들의 선교 사역에 크나큰 장애물이 걷힐 수 있도록 기도해 주시고 사역해 주시길 부탁드립니다. 지금은 단연코 전 노선에 걸쳐 큰 전진 운동이 필요한 때입니다. 우리가 절실하게 필요로 하는 지역을 강화하고 정비하는 크나큰 사역을 지지하는 일에 실패가 있어서는 안 될 일입니다. 당장 그 일이 일어날 수 있도록 박사님께서 하실 수 있는 모든 일을 다 해 주셨으면 합니다. 몬트리트(Montreat)에서는 선교협의회에서 41명의 자원봉사자들이 파견을 기다리노라고 공표했습니다. 어쩌면 지금은 그 이상일 수도 있습니다. 박사님도 아시다시피 도움이 절박한 사역지가 있습니다. 중국, 일본, 아프리카, 남미 등지에서는 사역자들 몇몇이서 자신들의 선교 요새를 지킬 수 있게 해달라고 간청하고 있습니다. 고향에 있는 교회에서는 얼마든지 캠페인을 지지할 수 있지요. 부족한 것이 무엇이겠습니까. 이를 위해 기도해 주십시오. 실패해서는 안 될 일입니다.

주께서 허락하신다면, 사모님과 함께 캔자스시티에서 열리는 자원봉사자 대회에 참석해 보시길 부탁드립니다. 박사님도 아시겠지만 학생 봉사자 대회만큼이나 좋은 대회장이 없습니다. 부디 모든 일을 제쳐두고 이 대회에 참석하시길 바랍니다. 이번 대회가 가장 성대한 대회가 될 수 있도록 기도하며 준비하고 있다고 합니다. 박사님께서 대회 순서 순서에 참석해 주심으로써 대회가 그렇게 될 수 있도록 해주시기 바랍니다.

하나님께서 우리에게 축복을 주시니. 하나님을 더욱 더 찬양하여라. 시편 67-150.

한국 청주의 카긴(Kagin) 부부가 맘모스 동굴에 가는 길에 오늘 들렀습니다. 부인은 송도에 있던 존스톤 양(Miss Jonestone)이랍니다. 캔자스시 시어릿 학원(Searritt Institute)을 나왔지요. 남편은 프랭크퍼트(Frankfort) 출신이고요. 박사님께서 그를 아시는지요? 그는 마르케스 박사(Dr. Marquess)가 이곳 신학교에서 왜 더 많은 사람들이 해외 선교를 자원하지 않는가 하는 질문으로 논문을 써 볼 것을 요청했던 바로 그 사람입니다. 그는 자신이 할 만한 국내 사역지에만 큰 관심이 있었지만, 자신의 논문이 해외 사역지를 선택하지 않을 수 없게 만들었던 것입니다.

그레이스 윌리 양(Miss Grace Wiley)은 어떻게 지내는가요? 만일 그녀가 루이스빌 파티(Louisville party)에 가고자 한다면 제게 얼른 알려주십시오.

모두에게 사랑을 전하며 동역하는
포사이드 올림.
1337 사우스 퍼스트 스트리트,
켄터키주 루이빌

1914년 12월 31일

스프링 스테이션, 켄터키

시편 86:9; 마태복음 24:14; 마가복음 13:10; 계시록 7:21:22
알렉산더 박사 귀하

알렉산더 박사님께.

주의 은총이 가득한 새해를 맞이하시고, 주의 사역에 최고의 해
가 되길 기원합니다.

이 시대는 분명 주께서 우리에게 맡겨 주신 사명을 완성하라고
촉구하고 있습니다. 마태복음 9:35-38; 18:19-20; 19:27-31; 25:31
-46:28; 사도행전 1:8.

박사님께서 편찮으시다는 소식을 들었습니다. 에비슨 박사(Dr.
Avison)를 보러 갈 때 박사님께서 안 오셔서 아쉬웠습니다. 지금은
쾌차하셨길 바랍니다. 에비슨 박사는 서울에 있는 연합의과대학을
위해 근사한 계획을 가지고 있습니다. 세브란스 씨(Mr. Severance)의
자녀들은 좋은 계획을 위해 얼마든지 사용할 수 있도록 매년 수천
불씩 지원해 오고 있습니다. 에비슨 박사는 우리 선교부에서 의사
두 명과 훈련된 간호사를 우리 몫으로 지원해 주길 바라고 있습니
다. 우리가 비용을 들이지 않고도 그 좋은 시설을 갖추게 되는 일이
라면 우리 몫으로 최소한 교육 인력을 지원하는 것이 마땅한 듯합
니다. 더욱이 그곳에서 훈련된 이들의 지역 내에서 우리가 혜택을
얻게 될 테니까요. 에비슨 박사가 이에 관해 박사님께 편지하겠다

고 했으니 이미 다 들으셨을 수도 있겠습니다. 에비슨 박사가 평신도 대회에 온다면, 세브란스 병원에 대해 이야기하게 되겠지요. 이는 모든 장애를 뛰어넘는 연합된 기도와 이에 대한 하나님의 놀라운 응답에서 시작될 것이지만, 대회에 추가할 사항도 많아지고, 수백 불의 추가 비용이 드는 문제일 것이라 생각됩니다. 에비슨 박사는 가는 쪽에 호의적이었으나, 물론 위원회의 결정에 따라 행동할 일이라고 말했습니다. 부디 이 문제에 관해 가장 좋은 쪽으로 행하여 주시길 부탁드립니다. 그에게 초대장을 보내시면 즉각 실행될 것 같습니다.

하나님은 우리에게 선을 베푸십니다. 크리스마스를 행복하게 맞이했습니다. 박사님께서도 행복한 크리스마스를 지내셨기 바랍니다.

모두에게 사랑을 담아 하나님의 은총을 기원하며 축복이 넘치기를,

주 안에서, 사도행전 17.

W. H 포사이드
1337 사우스 퍼스트 스트리트
켄터키주 루이빌

1914년 날짜 미상

스프링 스테이션, 켄터키

에베소서 3:14-21.
알렉산더 박사 귀하

알렉산더 박사님께.

이 땅에 전례 없이 도움이 필요한 곳이 많아지고 주를 섬길 기회가 넘치는 이때에 주께서 박사님의 사역에 함께하시기를 기원합니다.

2월에 열리는 평신도 대회에 모든 학생들이 꼭 참석할 수 있도록 독려해 주시기 바랍니다. 얼마 전 캠벨 화이트 씨(Mr. Campbell White)로부터 편지를 받았는데, 핵심 내용은 학생들이 평신도 대회에 참석하고, 평신도들도 학생 대회에 참석하는 것이 좋은 일임을 확신한다는 것이었습니다. 이는 가장 좋은 전략은 접촉이라고 말한 페퍼 씨(Mr. Pepper)의 주장과 상통합니다.

지난번에 루이빌 신학교가 했던 것처럼 모든 신학교들이, 어쩌면 서넛은 제외하고라도 그룹을 이루어 함께 참여한다면 좋을 듯합니다. 그렇게 되면 이번에는 한센병이나 그와 관련한 의료 선교의 도움을 전할 수 있는 곳이 할애되지 않겠습니까? 뉴랜즈 씨(Mr. Newlands)는 편지에서 한센병 환자 사역은 복음을 위한 훌륭한 실천이라고 했습니다. 한국인들이 이 사역을 보면서 가난하고 소외된 한센인들을 위해 일하는 종교 안에는 분명 무엇인가 있을 것이라고 깨달을 것입니다. 그러니 복음주의적 관점에서도 가치 있는 일입니다.

그리고 아주 커다란 또 다른 사역 분야는 새로운 요구 속에서 점점 더 확장되어야만 하는 분야로서 비기독교 어린이들을 위한 주일학교입니다. 만일 이 일이 향후 수년 동안 온전하게 추진된다면 지금의 수천 명이 아니라 수백 만 명이 개종하게 될 것입니다. 이것이 교회의 훌륭한 미래이며, 선교 사역에서 이를 확장시킬 가장 좋은 방법이 무엇인지를 함께 논의해 나가야 한다고 생각합니다. 이 사안에 대해 주가 이끄시는 대로, 박사님께서 하실 수 있는 것을 해 주시기 바랍니다.

시편 67; 100; 103.

모두에게 사랑을 전합니다. 하나님께서 우리에게 복을 주시리니. 하나님을 더욱 더 찬양하여라.

주의 사역 안에서,
포사이드 올림.
1337 사우스 퍼스트 스트리트
켄터키주 루이빌

1915년 1월 15일
스프링 스테이션, 켄터키

만군의 주 여호와가 말씀하시되 힘으로도 되지 아니하고 능력으로도 되지 아니하며 오직 내 영으로 된 것이니라. 스가랴서 4:6-7.

A. J. A. 알렉산더 박사 귀하

알렉산더 박사님께.

주가 함께하사 강건함과 모든 필요를 채우시는 은총이 있으시기를 기원합니다.

박사님께서 동봉해주신 로랜드 씨(Mr. Rowland)의 편지를 받았습니다. 저는 그분께 제가 쓸 금액을 에비슨 박사의 경비 계좌로 보내달라고 썼습니다. 에비슨 박사는 훌륭한 업적을 지녔으며 현재 한국 의료계에서 매우 필요로 하는 그런 사람입니다. 현재 다른 모든 요구들이 시급한 상황 속에서, 이와 같이 다소 특별한 노력이 행해지지 않는다면 우리 몫을 제공하기까지 아마 오랜 시간이 걸릴 것입니다. 세브란스 일가는 후한 기부금과 더불어 병원 시설이 돌아가도록 일 년에 수천 불을 기부했습니다. 미국 장로교단은 의료인 여러 명을 지원하고 있으며 감리교단도 마찬가지일 것입니다. 우리는 겨우 오 박사의 시간 일부를 할애하여 제공하고 있습니다. 오 박사는 훌륭한 분이지만 우리가 좀 더 할 수 있는 일을 해야 할 것입니다. 특히 우리에겐 의과대학에서 훈련받고,

그들이 한국인을 돌보기를 우리가 원한다면 이 땅으로 되돌아올 사람들이 있으니까요. 일본에서 의료교육을 비기독교 자원에 넘겼을 때 얻은 학습 효과를 보면 한국에서 기독교 의과대학의 필요성은 강조되지 않을 수 없습니다. 우리에게 기회가 닿았을 때 기독교 대학을 지원하지 않고 같은 실수를 되풀이해서야 되겠습니까? 에비슨 박사의 말마따나 그가 한국에서 해야 할 일이 무척 많은데도 그를 미국 땅으로 보내 우리 대회에 참석할 수 있도록 하신 것은 신의 섭리인 듯합니다. 그의 휴가가 한 달 더 연장되어, 우리가 그 기간을 이용할 수 있게 되었습니다. 진작 알지 못해서 시간이 충분한 것은 아니지만요.

코이트 씨(Mr. Coit)가 스와인하트 씨(Mr. Swinehart)에게서 받은 편지를 전달해 주었는데, 샤롯에 사는 라퍼티 박사(Dr. Lafferty)가 세브란스 병원에 갈 의향이 있다는 내용이었습니다. 이 또한 에비슨 박사가 미국에 가게 된 또 다른 이유이지요. 기부금 모으는 일뿐 아니라 자원자들을 만나는 일까지도 하게 될 것입니다. 승리하도록 기도해 주십시오.

박사님께서는 좀 어떠하신가요? 쾌차하셨기를 기원합니다. 가능하실 때 저희를 방문해주십시오. 주께서 우리를 축복하고 계시나니 주를 찬양하라. 시편 67; 72; 100; 150.

1337 사우스 퍼스트 스트리트
켄터키주 루이빌

주의 사역 안에서,
포사이드 올림.

1915년 2월 11일

고린도전서 15:57-58.

알렉산더 박사님께.

디모데후서 4:22.

주의 은총이 대회의 모든 일정에 함께하시길 기원합니다.

이번 대회가 모든 교회와 회원 모두에게 유익하도록 기도해 주십시오. 웨스트 렉싱턴의 장로회와 모든 대표자들이 도전받는 기회가 되고, 켄터키주 대표단들에게 특별한 주의 가호가 임하도록 기도 부탁드립니다.

박사님은 댈러스에 계실 것인지요? 그러시길 바랍니다. 가족 모두 안녕하신지요. 소식 주십시오. 가능하실 때 저희들을 방문해 주십시오.

주 안에서
포사이드 올림.

1337 사우스 퍼스트 스트리트
켄터키주 루이빌
(우편엽서)

1915년 4월 8일
스프링 스테이션, 켄터키주

또 보니 다른 천사가 공중에 날아가는데 땅에 거하는 자들 곧 여러 나라와 족속과 방언과 백성에게 전할 영원한 복음을 가졌더라. 계시록 14:6.
알렉산더 박사 귀하

친구에게.

저는 종종 박사님께서 어찌 지내시는지, 지금쯤 어디 계시는지, 지금은 무엇을 하고 계실까 궁금하답니다. 소식 좀 전해 주십시오.

코이트 목사님과 사모님, 그리고 어린 아들이 하루 이틀간 우리와 함께 지냈습니다. 그들은 어젯밤에 캔자스시티의 세인트루이스로 떠났는데, 아마도 미주리 주의 세인트 조셉으로 가서 4월 17일에 떠나는 증기선을 타고 주의 인도하심 따라 한국으로 갈 것 같습니다. 박사님께서 그들에게 증기선 편지를 보내실 수 있겠지요. 그들은 헌신된 훌륭한 일꾼들입니다. 샘 히기누담 목사(Rev. Sam Higginootham)가 『세계선교잡지』 4월호에 게재한 인도의 농산업 교육의 필요를 설파한 "인도에서의 쟁기 복음"이란 글을 짬을 내어 읽어보시기 바랍니다. 코이트 씨는 한국에서 필요한 것이 바로 이것이라고 말합니다. 이 일을 위해 우리가 도울 수 있는 것을 해주시기 바랍니다. 지금은 농장이 필요합니다. 코이트 씨는 땅값이 현재 일 년 전 가격보다 약 반값으로 내려갔는데, 다시 1년 전 가격으로 되돌아 갈 가능성이 있으니, 지금이 땅을 살 때라고 말합니다. 사내아이들은 한국 기독교인들이 땅을 경작하여 생산성을 높임으로써 교회를 지키고 한국인들이 굶주림에서 벗어나는 방법을 터득하면서 학교에서 공부하게 될 것입니다. 이 일이 이루어지도록 그리고 올바른 사람들이 이 일을 맡아 행하도록 기도해 주십시오.

기도하면서 일하면서 굶주림의 고통을 해결할 모든 가능한 일을 해나갑시다. 굶주림의 고통이 허용되어서는 안 될 일입니다. 갈 길은 오직 전진뿐입니다. 혹시 모를 부족 분량을 메우기 위해서 보조 유세를 마련해 주십시오. 서둘러 주시기 부탁드립니다.

주 안에서
포사이드 올림.

1337 사우스 퍼스트 스트리트
켄터키주 루이빌
누가복음 10:1-2; 사도행전 1:8.

추신 일요성경학교가기 운동이 켄터키주에서 더욱 큰 관심을 불러일으킬 수 있도록, 그리고 켄터키주를 술이 없는 '맑은' 주가 되게 하기 운동에 최선을 다해 주시기 바랍니다.
합당한 사람들이 주 입법부와 [판독불가]에 보내지기를 촉구합니다.

1915년 6월 12일
스프링 스테이션, 켄터키주

A. J. A. 알렉산더 박사님 귀하.

알렉산더 박사님께.

지구 도처에 도움이 절실한 이 시기에 하나님께서 박사님과 함께하시길 빕니다. 선교부에서 무슨 소식을 들으셨는지요? 로간 부인(Mrs. Logan) 편지에 의하면, 그곳 선교지부에 새로 온 의사가 의술 허가 시험을 치르기 위해 서울에 갔는데, 시험을 한국어 아니면 일본어로 치러야 한다는 것이었습니다. 그는 한국에 새로 온 사람으로 한국어도 일본어도 할 수 없었습니다. 해당 기관을 통해서 이러한 규제를 해소시킬 수 없을까요? 오늘날 한국엔 끔찍한 환경에 처한 수백만 명의 자국민들을 치료하기 위해 훈련된 의사와 간호사들이 수천 명 필요합니다.

의과대학은 잘 돌아가고 있지만 숙련된 현지인 의사가 배출되기까지는 여러 해가 걸릴 것입니다. 그동안에는 인도적 차원에서, 의료진들이 그런 규제의 부담 없이 확보되도록 모든 기관과 설득책들을 이용할 수 있어야 할 것입니다. 이러한 사안들이 적절한 경로를 통해 압박된다면 합리적인 방안이 드러날 듯합니다.

자원봉사자들이 아프리카로 나가도록 돕는 일에 힘을 써 주시기 부탁드립니다. 자원봉사자 8명의 여행비용을 모금하기 위해 지난주『크리스천 옵저버(Christian Observer)』에 실린 베딩거 씨(Mr. Bedinger)의 글을 보시기 바랍니다. 이 훌륭한 일꾼들이 모든 것을 주의 명령에 의탁한 채, 자신들의 삶을 아프리카에 기꺼이 헌신할 것이라면, 그들이 떠날 수 있도록 적은 액수를 보태는 일이 어렵지 않아야 할 것입니다. 그들을 돕기 위해 박사님의 장로회단을 흔들어 주시길 부탁드립니다. 잠언 19:17.

국제건강위원회에 보낼 제안서 초고를 박사님께 보내드립니다. 주가 이끄시면, 샌프란시스코에서 열리는 차기 미국 의료협회에서 이 제안이 채택되도록 기도해 주십시오. 저희들을 한번 방문해 주시기 바랍니다. 주께서 우리를 축복하고 계십니다. 박사님과 사모님, 그리고 친지 모두에게도 축복이 함께하길 빕니다.

주의 사역 안에서,
포사이드 올림.

1337 사우스 퍼스트 스트리트
켄터키주 루이빌

1916년 12월 14일

스프링 스테이션, 켄터키

우드번 농장

다니엘서 12:3: 요한복음 1:21: 3:16: 26: 21
알렉산더 박사님 귀하

알렉산더 박사님께.

박사님의 방문은 정말 크나큰 축복이었습니다. 박사님을 좀 더 오래 뵙고 싶지만, 너무 많은 업무로 바쁘셔서 저희를 보러 멀리까지 오실 짬이 나지 않는 것을 잘 알고 있습니다. 그렇기에 박사님의 방문이 더욱 더 감사했습니다. 저희에게 보내주신 박사님의 우정이 얼마나 귀한지 형언할 수 없고, 보내주신 친절에 보답할 길이 없습니다. 주께서 풍성히 채워주시길 빕니다.

전주 선교지부의 클락 목사님(Rev. Clark)이 지금은 안식년 중인데 다음 일요일에 밀레노버리와 칼라일에 있을 거라는 소식을 전하는 편지를 보내왔습니다. 그가 일요일에 특별한 일이 없다면 베르사유에 오게 하실 수 있을 것입니다. 한국에 의사들이 좀 더 필요하다고 하더군요. 티몬 의사(Dr. Timmon)는 아프고 다니엘 의사 부부(Dr. Daniel's)와 패터슨 의사 부부(Dr. Patterson's)는 내년까지 안식년입니다. 의사가 정말 긴급히 필요합니다. 체스터 박사(Dr. Chester)는 지금 중국에서도 의사들이 더 필요하다고 하더군요. 이 모든 것이 채워지도록 기도합시다. "의심할 일이 하나도 없나니"

박사님과 가족 모두에게 사랑을 전합니다.

주의 사역 안에서,

포사이드 올림.

1337 사우스 퍼스트 스트리트

켄터키주 루이빌

1917년 1월 21일

켄터키주 렉싱턴

알렉산더 박사님께.

박사님을 잠깐 뵙고 와서 너무 즐거웠습니다. 박사님의 호의에 깊이 감사드립니다. 한국에 마음 따스한 친구들을 많이 두셨으며, 그들을 위해 박사님이 하시는 일들이 매우 존경스럽습니다. 여기 내 형제 중에 가장 작은 자에게 한 일들이 내게 한 것과 같다고 하신 주님의 말씀을 기억합니다. 주의 명령이야말로 이 세상과 모든 일을 가치 있게 만듭니다. 보기 씨(Mr. Bogie)가 어서 와서 박사님에게 힘이 되었으면 좋겠습니다.

박사님께 빠른 조치가 필요한 몇 가지 청을 드립니다. 가능하면 베르사유(Versailles)와 미드웨이(Midway), 그리고 다른 몇몇 곳에서 일요일에 시행되길 바라는 것입니다. 이를 위해 가능한 많은 인맥을 통해 동조를 구해주십시오.

지금은 분연히 일어설 때입니다. 모트 씨(Mr. Mott)는 노스필드 (North field)에서 나폴레옹의 말을 인용하면서 기병이 소집되면 적군은 끝난 것이라고 말했습니다. 적군들은 동요하기 시작했습니다. 켄터키에서 주류 판매를 몰아내기 위한 바람을 일으킵시다. 주의 능력으로 할 수 있을 것입니다.

체스터 L 칼린 목사님의 방은 33호실입니다. 필요하면 박사님께 더 청원서를 보내드릴 것입니다. 청원서들은 화요일인 7일까지 취합되어야 합니다.

되도록 많이 모아주십시오. 박사님께서 콜린 씨에게 편지하신 다면 그가 또 기꺼이 도움이 될 만한 이들에게 청원을 보낼 수 있을 것입니다. 할 수 있으시면 그렇게 해주십시오. 박사님이 말씀하셨던 그 아기의 사진을 잊지 않으셨겠지요. 아직 보내시지 않으셨으면 보내주시기 바랍니다. 분명 훌륭한 소년일 테지요.

모두에게 안부를 전합니다.

주의 종
포사이드 올림.

1917년 8월 7일

스프링 스테이션, 켄터키

다니엘서 12:3; 이사야서40; 41; 55; 58; 60; 61 요한복음; 계시록
알렉산더 박사님 귀하

알렉산더 박사님께.

투표가 있는 토요일의 영광스러운 승리를 위해 주를 찬양하여
라. 잠언 14:34; 20:1; 23:29-35; 29:2; 시편 150.

켄터키는 분명 술 판매가 금지될 것 같습니다. 그런 기쁜 날이
어서 오기를 바랍니다. 특별히 이곳 렉싱턴과 주류 판매가 강한
다른 곳에서 그 일이 어떠한 결과를 가져올지 상상하는 것이 어렵
습니다. 그러나 그 일이 이루어질 날이 가까웠습니다.

워싱턴에서 주류 금지령에 결실을 이루도록 모든 선한 것과 완
벽한 선물을 공급해주시는 그분께 찬양을 올려드립니다. 전국적
금지령 시행 개정안을 위한 셰퍼드 법안에 하원이 조속한 조치를
내리도록 박사님께서 무엇인가 하실 수 있지 않겠습니까? 지금
시점에서 어느 입법이 주류 금지령 조치보다 더 중요할 수 있겠습
니까? 대통령에게 이 사안을 놓고 권한을 행사할 수 있도록 한다
면 맥주나 와인 제조를 즉시 중단시킬 수 있겠지요. 어째서 피해
를 입을 때까지 기다리는 것입니까? 영국에서는 현재 노동력을
가진 이들과 그 외의 사람들을 무력하게 만드는 맥주 및 주류의

독소를 만드는 데 드는 곡물을 소비하지만 않아도 수백만의 시민들을 먹여 살리기에 충분하다고 합니다. 빛을 거스르는 이 거대한 범죄에서 교훈을 얻어야 하지 않겠습니까? 대통령은 분명히 이 땅의 기독교인들로부터 전달받은 탄원서를 승인할 것입니다.

포워드 리그(The Forward Leage)가 무슨 이름을 내걸든 간에 아직 남아 있는 술의 저주로부터 나라를 해방시킬 어떤 운동을 시작하지 않을까요?

올해 몬트리트에 가실 계획이신지요? 우리 선교 지역을 정비하고 인적 자원을 가득 채우기 위해서는 어떤 캠페인이 나왔을까요? 하나님께서 이 사역이 실패하지 않도록 해주시기를 기원합니다. 전 세계적으로 도움이 필요한 때에 도움이 닿지 않는 곳이 없기를 바랍니다. 미국은 이번 세대 안에 전 세계의 복음화라는 가장 위대한 사업을 실패하지 않아야 할 것입니다.

마태복음 25:28; 사도행전 1:11, 계시록.

행복하시길 빕니다.

주의 사역 안에서,

포사이드 올림.

1422 사우스 퍼스트 스트리트

켄터키주 루이빌

1918년 2월 2일
스프링 스테이션, 켄터키

에베소서 2:3; 로마서 8; 10; 12; 빌립보서 4; 계시록.

알렉산더 박사
민주 전진 연합 의장 귀하,

알렉산더 박사님께.

켄터키주에서 가정 내 주류 금지령 시행을 앞두고 놀라운 진전이 있으며, 전국적으로도 금주법 헌법 개정안을 비준하는 조치를 위해 주께 찬양드립니다. 지금은 1918년 내에 비준에 필요한 수를 확보하기 위한 전국적인 운동을 위해 주를 찬양합니다. 보다 조속히 이루어질 수만 있다면 어째서 7년, 3년, 또는 1년을 기다려야 한단 말입니까? 주류 거래가 허용되는 나날이 돌이킬 수 없는 피해로 이어지고 있습니다. 이 도시에서 일어난 텍사스 출신 의사의 슬픈 죽음에 대해 읽으셨는지요. 그는 만취 문제 때문에 미 공군에서 전역되었는데, 그가 남긴 마지막 편지에는 음주에 관해 이런 말이 있었습니다. "아, 저런 악마 같은 위스키, 비참함과 고통, 슬픔만을 남긴 채 모든 것을 앗아가 버렸소. 인생에서 가치 있는 모든 것을 우리에게서 앗아갔구려." 그의 아내에게 보낸 편지에 쓴 말이었습니다.

한편 압도적으로 많은 사람들이 진지한 확신을 가지고 군대에서의 즉각적인 금주를 요구하는 데 대통령과 국회는 이를 못 들은 척하고 있습니다.

한편 압도적으로 많은 수의 미국 국민들이 신념의 간절함을 가지고서 군부대에서 즉각적인 금주령을 시행할 것을 요구하고 있는데 대통령과 의회는 귀를 막고 있습니다. 이 호소에 대한 그들의 대답은 고작 민주당의 태머니(Tanmany, 민주당 압력 단체) 회원들이 지지하지 않을 것이라는 겁니다. 이 변명이 다음 선거에서 많은 표를 모을 것이라고 생각하시는지요? 켄터키주에서 했던 것처럼 워싱턴의 민주당을 주류 지배권으로부터 떼어놓을 수는 없으신지요? 이 싸움에는 기도와 개인적인 노력뿐 아니라 공론화가 강력한 무기입니다. 너무 늦기 전에 무언가 할 수 있는 일이 없는지 알아봐 주십시오. 워싱턴에서 최근 발간된 간행물은 술을 금하는 부대가 나타남에 따라 맥주의 알코올 성분을 3% 이하로 낮추라는 대통령의 명령을 조롱했습니다. 차라리 그 노력으로 맥주와 와인으로 인한 손실을 온전히 막을 수 있었을 것입니다. 당 지도부도 우리의 최대 적인 알코올을 다루는 일에 있어 지금은 어중간한 조치를 취할 때가 아니라는 사실을 깨달았을 듯합니다.

최근 한 통신에서는 독일에서조차 곡물 손실을 줄이기 위해 맥주 제조를 금했다고 합니다. 우리도 경고를 받아들여 당장 행동에 나서야 하지 않을까요? 곡물 손실은 술공장에서 만들어진 제품이가 닿는 곳마다 가차 없는 파멸의 길로 이끄는 대재앙과 비교하면 아무 것도 아닙니다. 그렇기에 모든 동맹국이 군대의 금주령에 합세하도록 지속적으로 요구되는 것입니다. 이는 더 이상 국가마다 개별적으로 조치할 사안이 아닙니다. 우리 미국이 인력과 돈과 식량을 제공하는 한 영국과 프랑스는 이러한 손실을 막기 위해서 도덕적으로 책무가 있습니다. 우리는 그들의 술값 예산을 지불할 수 없고, 지불해서도 안 됩니다. 즉각 조치가 이루어지도록 강력하게 압박해 주십시오.

『이브닝 포스트(The Evening Post)』지에 실린 박사님의 글을 읽었습니다. 훌륭하신 사역을 계속 부탁드립니다. 미국과 유럽의 실제 상황에 관해 사람들을 교육시켜 주십시오. 한 명의 술 취한 군인이나 선원 한 사람이 이제 전체 작전을 망쳐버릴 수 있기 때문입니다. 그리고 술 취한 시민 한 사람이 헤아릴 수 없이 막대한 재앙을 초래할 수 있습니다. 또한 일상적으로 적당히 술 마시는 술꾼들은 이 둘보다 더 나쁩니다.

주여, 악인이 언제까지, 악인이 언제까지 개가를 부르리이까? 시편 94:3. 시편 37; 잠언 14:34; 20:1; 23:29-35; 29:2; 31: 8-9.

박사님과 가족 모두 어떻게 지내시는지요? 틈나실 때 소식을 전해주십시오. 이 도시에 오시면 저희를 방문해 주시기 바랍니다. 주님은 저희들에게 선을 베푸시며, 저희는 축복을 많이 받았습니다. 주께 모든 찬양을 올려라. 시편 115:1. 시편 100; 103; 148; 150.

오늘은 제 어머님의 생신입니다. 그 어느 때보다 강건하시니 주께 감사드립니다. 데살로니카 전서 5장.

박사님과 사모님, 그리고 저희들의 좋은 친구들 모두에게 행복을 기원합니다. 교회의 대의를 진전시키는 운동에 주의 가호하심이 있기를 기도합니다. 이 일은 방해를 받아서는 안 됩니다. 지난 주 『선데이스쿨 타임즈(Sunday School Times)』에 실린 만화를 보십시오. 전쟁으로 인해 2,000개의 선교지부가 버려진 내용입니다. 우리의 사역이 이렇게 되지 않도록 해주십시오. 모든 것들을 회복시키고 전전시키기 위한 연합된 노력을 위해, 모든 선교 기관들의 연합과 철저함과 지속적인 노력을 위해 기도해 주시기 바랍니다.

주의 사역 안에서,
포사이드 올림.

마태복음 9:35-38; 25; 28; 사도행전 1:11
1422 사우스 퍼스트 스트리트
켄터키주 루이빌

포사이드 가족이 다른 사람들로부터 받은 편지

1894년 4월 30일

W. H. 포사이드 씨는 이번 학기말에 웨스트민스터 대학에서 이학사 학위로 졸업할 예정입니다. 그는 이 학위에 필요한 학업 외에도 교사로서의 능력을 향상시킬 수 있는 상당한 양의 추가 학업을 이루었습니다. 포사이드 씨는 훌륭한 능력의 소유자이며 좋은 학생이고, 열정적이며 성실합니다. 행동이나 매너 또한 철저한 신사이며 모든 면에서 신뢰할 만합니다.

그는 개별 수업에서 가르친 경험이 있으며 만족한 결과를 얻었습니다.

E. C. 고든
웨스트민스터 대학 총장

우리는 위의 내용을 전적으로 동의합니다.
E. H. 마퀴스, 라틴어 교수
다니엘 S. 게이지, 그리스어 교수
존 N. 라일, [판독불가] 과학 교수
존 H. 스콧, 수학 교수
[3-4줄 판독불가]

1904년 10월 5일
서울

No 527 C. G.
미국 영사 서비스

W. H. 포사이드 박사
대한민국, 군산

친애하는 선생님.

동봉하는 미국 여권과 한국 여권을 전합니다. 미국 여권의 '소지인 서명'란에 서명해 주시기 바랍니다.

진심을 담아,
[판독불가]

1905년 3월 15일

군산, 한국

다니엘이 포사이드 여사께

포사이드 아델리아

아이오와주, 오세올라(Osceola)

포사이드 여사님께.

3월 13일 밤에 아드님 포사이드 박사가 강도들의 습격을 받아 중상을 입고, 현재 매우 위중한 상태에 있다는 사실을 알리게 되어 송구합니다. 자세한 경위는 다음과 같습니다. 3월 11일 토요일 정오 즈음에, 한 남자가 전주로 와서 자신의 형제가 다쳤으니 15마일이나 떨어져 있는 곳까지 와서 봐달라고 부탁했습니다. 포사이드 박사는 지체 없이 점심을 먹고 응급용 가방을 챙겨 나귀에 올라 곧바로 출발했지요. 그곳까지 반 정도 다다랐을 때 이미 저녁때가 되어서 거기에서 하룻밤을 보내게 되었습니다. 다음날 아침 일요일에 그곳에서 반 마일 정도 떨어진 마을 송이동에 있는 교회를 다녀온 후, 일요일 오후 해질녘 때쯤 부상당한 남자가 있는 만골로 왔습니다. 그와 한국인 몇몇이 한 방에서 잠을 잤습니다. 새벽 4시경, 갑자기 남자들 7명의 무리가 들이닥치더니 "군인"을 내놓으라는 것입니다. 포사이드 박사뿐 아니라 한국 남자들도 자신들은 군인이 아니라고 항변했지만, 그들은 들으려고도 하지 않고 머리를 가격하기 시작했습니다. 한국 사람들 몇이서 포사이드 박사를 보호하려고 했지만, 맞아 떨어져 나갔답니다. 그런 후 도둑들이 포사이드 박사를 현관 밖으로 끌고 나와, 황당한 일을 멈추지 않았습니다. 한국인들이 몸을 추스르고, 곧장 전주와 군산에 소식을 전해 와, 오후 1시쯤에야 양쪽에 소식이 닿았습니다. 해리슨 씨(Mr. Harrison)와 저는 소식을 듣고 즉각 출발했지만, 약 4시 30분경에야 그 장소에 도착했습니다. 포사이드 박사는 과다 출혈과 충격으로 인해 극도로 쇠약해져 의식이 반쯤 나가 있었습니다. 출혈이 매우 심했지만, 솜과 거미줄을 사용하는 한국인 의사가 지혈을 해 놓았고, 한국인들이 염소 우유를 마시게 했습니다.

그날 밤에 또 다른 공격이 있을 거라 들었기 때문에, 상처를 치료한 후에 들것에 실어 송이동에 있는 교회로 옮겼습니다. 우리가 막 출발하려 할 때 마침 전킨 씨가 도착했습니다. 옮기는 과정은 아드님께 아무런 해가 가지 않도록 했으며 그날 밤을 퍽 안정되게 넘겼습니다. 아침이 되자 밤사이의 간병으로 인해 상당히 기운을 차렸습니다. 음식물 섭취도 아주 조금 했습니다. 오전 9시경에 송이동을 떠나서 군산에 오후 2시에 도착했습니다. 그는 이 여정을 잘 버텨냈고, 침대에 누워있으니 아주 좋다고 말할 정도로 정신이 맑았습니다. 이곳에 도착한 이후로는 규칙적인 영양 섭취와 안정된 휴식을 취하고 있습니다. 오늘 아침엔 더욱 힘이 나는 듯해 보이지만, 결과가 어떠할지는 감히 말씀드리기 어렵습니다. 아드님의 상태는 위중하긴 해도 가망이 없는 것은 아닙니다. 더 나쁜 상황이 일어난다면, 우리가 내슈빌(Nsahville)에 있는 집행부에 전보를 보내어 여사님이 알 수 있도록 하겠습니다. 그동안엔 제가 (날마다) 편지를 쓰겠습니다. 물론 이 편지에 앞서 아무 전보도 받지 않으셨다면, 그때쯤 아드님은 위중한 상태에서 벗어난 것이니 안심하셔도 되겠습니다.

가해자들을 잡기 위해 가능한 모든 조치를 취하고 있습니다. 미국 목사님에게 알려 즉각 조치를 취했습니다. 어제 아침 전주에서 온 군인들과 군산에서 온 일본 경찰과 한국 경찰들이 하루 종일 범인들을 수색했습니다. 우린 도둑 중 한 명이라도 잡기 위해 포상금을 내걸었지요. 도둑들이 어둠 속에서 길을 가던 포사이드를 보고, 집을 지키러 파견된 군인이라 착각하고서 자기들이 수적으로 우세하니 그를 제압할 수 있다고 생각했다는 것 말고는 범행의 아무런 동기를 찾을 수 없습니다.

그를 살리신 하나님께 드리는 기도가 끊임없이 이어지는 가운데, 우리의 슬픔과 비통함은 말로 표현할 수 없으며, 이러한 우리의 심정으로 당신에게 위로를 전합니다. 우리가 아드님을 편안하게 하고 회복시키기 위해 모든 수단을 다 하고 있으니 안심하시기 바랍니다. 제 아내도 두 분께 사랑과 따뜻한 위로를 전합니다.

다니엘 토마스 올림.

1905년 3월 17일

한국, 군산

전킨 목사가 포사이드 여사님께.

별도의 통지가 있을 때까지 군산의 박사님께 조언 부탁드립니다. 박사는 오늘 저녁으로 토스트와 염소우유, 오렌지를 섭취했습니다.

(다른 전보가 오지 않으면 모든 위험이 해소되었다고 믿으셔도 좋겠습니다.)

아델리아 포사이드 여사 귀하.

아이오아주, 오세올라

포사이드 여사님과 포사이드 양에게.

두 분께 사랑하는 아드님 소식을 알려드리고자 편지를 씁니다. 저희 가족은 두 분을 벌써 전부터 알아온 느낌이고 일찌감치 사랑하게 된 느낌입니다. 포사이드 박사가 전주를 자기 자신과 당신들이 살 곳으로 결정한 뒤에는 특히 더 그렇습니다. 아드님은 이미 이곳의 많은 현지인들의 마음에 크게 자리잡고 있습니다. 박사의 안부를 물으러 찾아오는 많은 이들 중에는 이 지역에서 가장 높은 통치 책임자도 있습니다. 포사이드 박사 주위에는 그를 가장 헌신적으로 사랑하면서 그를 위해 할 수 있는 모든 것을 다 하고 있는 사랑하는 친구들이 있다는 것을 기억해 주시기 바랍니다. 다니엘 박사 부부를 비롯하여 얼 씨(Mr. Earl), 해리슨 씨(Mr. Harrison), 불 씨(Mr. Bull), 맥커첸 씨(Mr. McCutchen)가 항상 그의 곁을 지키고 있으며, 다른 이들도 돕겠다고 나서지만, 더 이상 필요치 않다고 말할 지경입니다.

우선 아드님이 전하는 메시지를 알려드리고나서 사건이 어떻게 발생했는지 좀 더 구체적으로 말씀드리겠습니다. "저는 차츰 회복 중이며 오늘은 한결 더 좋아졌다고 엄마한테 말해주세요" 하고 아드님이 전합니다. 그는 막 당신께로부터 받은 편지 두 통을 읽었는데, 하나는 유지니아 양(Miss Eugenia) 편지가 동봉된 것이었으며, 신문기사를 스크랩한 것도 그가 듣고 싶어 했던 것이었어요. 다니엘 박사는 점점 희망에 차올라서, 상처가 이렇게 아름답게 치유되는 것을 본 적이 없다고 아까 말하더군요. 완벽하고 깨끗해서 감염되지 않은 것 같고, 아드님은 이제 치료가 가능한 수준으로 회복되었습니다. 예컨대, 아드님은 불편을 느끼는 몇 군데에 연고를 조금 바르기를 원했습니다. 우리는 오늘 긍정적인 희망을 가지게 되었고, 이제까지 모든 것이 우리가 바라던 대로 잘 진행되고 있다는 확신을 가지게 되었습니다. 그는 우리와 함께 성경을 읽고, 자주 기도하며, 매우 맑은 정신과 완벽한 신체적 건강 상태를 유지하고 있으니, 모범적인 환자입니다.

다니엘 박사가 대부분의 내용을 자세히 적어 편지 드렸어도, 아마 어머님이 알고 싶은 만큼 충분하지는 않았겠지요. 그날은 3월

11일 토요일 정오였는데, 신분이 높은 신사 한 분이 저를 찾아왔습니다. 그는 두어 번 치료받은 적 있는 환자였습니다. 저는 그에게 그리스도가 재물보다 소중하다는 설교를 하고 있는 중이었는데, 전령 한 사람이 달려와서, 전날 밤에 이 씨의 형제가 강도들에게 상해를 입었다고 말했습니다. 이 씨는 즉시 집으로 돌아가는 길에 포사이드 박사에게 알렸고, 박사는 지체 없이 급히 점심을 챙긴 후에 이 씨와 함께 바로 길을 떠났습니다. 토요일 밤에 그는 상처를 치료하고 나서, 일요일에는 반 마일 떨어진 송이동에 있는 저의 옛 교회 중 한 곳에 갔다가, 해질녘에 돌아왔습니다. 그때 강도들이 그를 보고 한국 군인으로 착각했습니다. 왜냐면 군인들이 모두 어두운 옷을 입고 있기 때문이었지요. 그 겁쟁이들은 새벽 4시에 방으로 달려들었고, 박사가 눈을 떴을 때, 그 중 한 명이 박사에게 총을 겨누고 있었지만 박사가 재빨리 쳐내었습니다. 그러나 무기도 없는데다가, 무장한 일곱 명의 남자들은 상대하기엔 무리였습니다. 박사는 그들에게 자신이 군인이 아니라고 말해도, 그들은 들으려고도 하지 않았습니다. 우리가 급히 말을 타고 최대한 빨리 그곳에 도착했습니다. 저는 소총을 가져갔고, 그들이 돌아오기만 하면 (그들이 그렇게 위협하고 갔으니까요), 몸을 덮쳐 죽으리라 각오했지요. 그러면서 저는 이 지역 군수에게 이 사실을 알렸고, 3시간 후 군인들이 깔렸습니다. 곧 이어 일본 경찰과 한국 경찰이 수색에 나서는 동안, 우리는 편안한 간이침대에 박사를 실어 이곳으로 옮겨왔습니다. 우리는 경찰에게 강도들을 붙잡기 위해 700불의 포상을 내걸었는데, 이는 매우 큰 액수로서 한 달에

6불밖에 받지 못하는 경찰에게는 거의 10년 치 임금에 해당하는 큰 보상이었습니다.

이곳에 온 이후, 강도들에게 구타를 당했던 노신사가 박사에게 전갈을 보내왔는데, 이제부터는 당신들이 믿는 하느님을 자기도 섬기기로 했다는 것이었습니다. 의사들은 그의 건강을 돌보며 전보를 보내오고 있습니다. 저는 이 시련이 지난 몇 달 간 박사와 제가 간절히 기도해 왔던 큰 축복을 가지고 올 것이라고 확신합니다. 지금까지 우리 도시에서 신사 양반 계급은 손이 닿지 않는 층이었습니다. 그러나 이제 복음의 쐐기가 박힌 것입니다. 우리는 가끔 보기 싫은 상처에 대해 말하곤 하지만, 하나님의 거룩한 천사들과 사람들 앞에서는 아름다운 상처도 있습니다. 바울도 그러한 상처들을 가졌으며, 당신의 훌륭한 아들 역시 몸에 주 예수의 흔적을 지녔습니다. 이 흔적이야말로 만 가지의 설교보다 하나님의 사랑을 더욱 웅변적으로 말해줄 것입니다.

아, 이는 마치 사랑하는 주님께서 아버지 앞에서 그의 뚫린 손을 들어주시는 것과 같을 것입니다! 우리가 왜 그래야 했나요? 하고 물을 때 하나님의 대답으로 축복의 소나기가 내리고 하늘의 창문이 열리는 것을 보게 되리라 전적으로 믿습니다! 지금까지 그래왔습니다. 악마는 주님을 죽일 때보다 더 큰 실수를 저질렀지요. 이는 끝이 아니라 하늘나라의 시작이었습니다. 그래서 이 곳이어야 했던 것입니다. 한국 교회는 박사를 위해 간절히 기도하며 하나로 뭉쳐졌습니다. 그리고 그들도 축복을 받게 될 것입니다. 오, 아드님은 너무나 사랑스럽고 사랑스러운 기독교인입니다. 그리고 박사가 저희들 집에 있어서 또 우리 아이들이 그와 함께 있어서 얼마나 행복한지요. 포사이드 박사가 어머님과 여동생을 생각하는 마음이 얼마나 놀랍고 아름다운지, "나를 위해 여동생과 어머니를 버린 자는 백 배를 받을 것이다"라는 말씀에, 그는 절대로 어머니와 여동생을 포기할 수 없으니 그 자신은 얻을 수 없는 것이라 생각합니다. 비록 그가 공식적으로는 우리 선교회에서 가장 어린 멤버이지만, 그는 이미 모든 사람들에게 가장 폭넓게 사랑을 받고 있는 것이 사실입니다. 어찌 그를 사랑하지 않을 수 있을까요! 만약 그대들이 길거리에서 헐벗은 가여운 어린 고아들에게 그가 얼마나 다정한 목사가 되어 돌보는지―주님이 돌보시는 것처럼―분명코 그대들은 기꺼이 그를 한국의 예수님이라 불러드리게 될 것입니다. 그가 전주를 떠나던 날, 우리는 함께 그들의 거처를 구했는데, 그가 가장 먼저 알고 싶어하는 것 중 하나는 그 작은 거지 아이(병원에서 매우 아픈)에게 약이 있는지의 여부였습니다. 그는 병들고 집 없는 소녀가 끝내 "나는 예수님을 믿고 사랑합니다"라고 말할 수 있도록 살 때까지 그를 목양을 한 것입니다.

우리는 당신들이 여러 궁금증을 가지고 오시리라 고대하고 있습니다. 그리고 한국에서 예수님을 위해 사는 것이 외롭거나 암울한 일이 아니라 기쁨과 평화와 축복으로 가득 차 있다고 확신해도 좋을 것이라고 말씀드립니다. 저희들은 당신께 어린 아들로 (덜 사랑받는) 입양되기를 기대하고 있습니다. 또한 당신들은 이미 우리의 새로운 어머님이요 자매로 입양되었습니다. 아시다시피 주님께서는 우리에게 100을 약속하셨으나, 그 수는 이미 넘어섰습니다.

진정한 친구

전킨 올림.

1905년 3월 18일

군산, 한국

어머님께.

포사이드가 날마다 회복 중에 있다는 것을 알려드리려 어머님께 말씀드리고자 오늘 아침에 몇 자 적습니다. 아직은 위중한 상태이긴 하지만 겉으로 보기엔 아주 많이 좋아보여서 오늘은 제가 아주 힘이 납니다.

불 여사는 아직 내려오지 못하고 있는데 불 씨가 계속 편찮답니다. 그래서 얼과 해리슨 외에도 전주에서 온 전킨과 맥커첸이 있어서 집이 가득 차 있습니다. 우리는 잘 지내고 있으며, 새디가 이 많은 식구들을 밥해 먹이느라 분주하답니다. 새디가 아마 내일쯤 편지할 것입니다.

2월 15일에 보내주신 편지는 두어 날 전에 잘 받았습니다.

사랑을 담아,

톰.[15]

---

15 포사이드를 치료하던 다니엘 토마스 선교사인 듯하다.

1905년 4월 1일
광주, 한국

W. H. 포사이드 박사
군산, 한국

친애하는 포사이드 박사님께,

근자에 당신이 겪은 사건들을 듣고 너무 놀라서 말문이 막힙니다. 지금은 좀 어떠신지요? 바로 얼마 전 목포 방문을 앞두고 당신이 겪은 끔찍한 일을 알게 되었습니다. 당신이 갔던 날 하루 전날에 나도 갔었는데, 당신이 그런 일을 당했다니 상상도 못한 일이었습니다.

그런 슬픈 소식을 듣고 나니, 겁이 나서 거의 아무런 생각도 나지 않는 것 같았습니다. 당신은 얼마나 고통스러웠을까요! 최근에 나는 왼쪽 어깨 아래에 난 종기에 항생제를 투약하는 유쾌하지 않은 고통을 겪었지요. 그 찌르는 듯한 통증이 시작될 때마다, 당신은 얼마나 고통스러울까 하는 생각이 들었습니다. 매번 좋아지고 있다는 보고가 있을 때마다 안도되었고, 당신은 의사로서도 훌륭하지만 환자로서도 훌륭하다고 느끼며 우리 모두 기뻐했습니다. 형편없는 사람들이 당신을 치료하는 일에 서툴렀던 것 같습니다. 다행히 위험천만한 손길을 벗어나게 되어 얼마나 감사한 일인지요.

이 모든 일이 악몽 같으시겠지요? 두말 할 필요도 없이 우리 모두에게 드리워진 이 어두운 영상을 잊어버리는 것이 최선입니다. 어째서 이런 일이 허용되었는지 우리가 이해할 순 없지만, 그 가운데 얻어지는 교훈이 있고, 당신이 겪는 고통으로 하나님 나라의 도래를 확신할 수 있습니다.

얼마나 회복되어 가시는지 모르겠으나, 매일매일 힘을 얻어 잘 지내시기를 기원합니다. 당신이 약해진 동안 예수가 당신의 힘과 의지가 되시기를 바라며, 그분과 함께하는 동안 주의 사랑을 그 어느 때보다 더 달게 느끼실 수 있기를 바랍니다. 주의 사랑과 전능의 날개 아래서 피난처와 치유, 그리고 안식을 찾을 수 있기를 기원합니다. 머지않아 이곳에서 당신을 뵙게 되기를 바랍니다.

오웬 드림.

1905년 4월 3일

테이트 양이 포사이드 여사님께.

당신의 매우 소중한 편지를 받은 지 3주가 되었네요. 저는 그 편지를 군산에 있는 아드님께 읽어주도록 맥커첸에게 보냈습니다.

아드님이 자기의 일에 대한 사랑과 영혼 구원에 대한 열정이 얼마나 대단한지를 여사님께서 잘 이해하고 계실 테지요. 포사이드 박사의 건강 회복에 대해 한국인들이 보여주는 걱정과 관심을 여사님께서 보셨더라면 제가 그랬던 것처럼 매우 감동하셨을 것입니다. 서로 다른 소속의 여성들이 각각 다른 시간에 저를 찾아와서는 우리가 사랑하는 의사 선생님의 상태도 듣고, 또 그의 회복을 위해 기도하러 왔다고 하더군요. 저는 그들에게 기도의 소망을 주신 하늘의 아버지께서 그들의 기도에 응답하실 준비를 하고 계심을 알았습니다. 날마다, 그리고 하루에도 여러 번 박사의 안부를 물어보러 오는 사람들이 있습니다.

제 오빠[16]가 그제 박사를 방문하고 돌아와서 그가 아주 훌륭하게 회복되고 있다고 전해주었습니다. 그들은 포사이드 박사가 자기들을 위해 치유의 신성한 은사를 베푸는 것에 진심으로 감사하

---

16 루이스 보이드 테이트(Lewis Boyd Tate, 최의덕)를 가리킨다. 테이트 남매는 1892년에 한국에 왔는데, 전주에서 순회전도에 주력한 오빠 테이트는 1862년생, 전주 기전여학교를 설립한 누이동생 마르타 새뮤얼 테이트(Martha Samuel Tate, 최마태)는 1864생이다. 테이트의 부인이자 전주 예수병원을 설립한 마르타 바바라 잉골드(Martha Barbara Ingold)는 1867년생이다.

고 있습니다. 포사이드 박사가 방문했던 남자의 아내가 박사를 구하려 자신의 몸으로 막아 받았던 폭력의 흔적을 보면 알 수 있습니다. 여사님이 그녀를 만나 본 적이 없으셨어도 어찌 사랑하지 않을 수 있겠습니까? 우리 모두 그녀를 사랑합니다.

여사님께서는 아무 걱정 마시고, 아드님의 회복이야말로 여러 축복 중 하나로 기억하시기 바랍니다. 왜냐하면 이 편지가 닿기 전에 그는 훨씬 회복되어 있을 테니까요. 우리는 그의 유쾌한 모습을 말로 표현할 수 없을 만큼 그리워하고 있답니다. 아마 한국인들이 그가 돌아오는 날짜를 알게 되면 아주 큰 환영 행사를 벌일 겁니다. 우리는 박사가 다니엘 의사 부부와 함께 있어서 다행이긴 하지만, 우리도 그에게 좀 더 안락하게 하거나 기쁘게 해줄 무엇인가가 있으면 좋겠다고 생각한답니다.

저는 다니엘 의사에게 포사이드 박사가 완전히 건강해질 때까지 돌봐 달라고 편지를 썼습니다. 왜냐하면 그는 호출이 있을 때 절대로 "아니오"라고 대답하는 법을 모르고, 한국인들이 그를 거의 무한정 부릴 수 있도록 놓아두기 때문입니다. 제가 충고도 하고 나무랐지만, 말하고 나면 그가 너무나도 상처받은 표정이어서 제가 말한 것을 사과하지 않을 수 없게 만든답니다. 아드님이 어쩌면 군산으로 갈 수도 있다는 소식을 한국인들이 들었을 때, 그들은 그것을 허용한 우리에게 문제를 일으킬 계획을 세웠고, 그가 전주에 머물기로 결정했다는 말을 듣고 나서, 그들은 만족해 했습니다.

처음부터 쭉 박사와 함께 있던 전킨 씨가 집으로 돌아가려 하자, 박사는 잠시 자기 곁으로 그를 불러서 만약 강도들이 체포되어 전주로 끌려온다는 소식을 들으면, 전킨 씨에게 그들을 만나서 자신은 그들을 용서하니, 예수님을 믿고 구원받기를 바란다고 전해달라고 말했습니다. 결국 그리스도가 영광을 받으셨습니다. 이방인들은 "저런 사람을 만드는 교리를 더 알고 싶다"고 말했으니까요.

하나님의 방법은 모두 옳은 방법이며, 우리는 그분이 남쪽 이곳에서 우리를 위한 놀라운 계획을 가지고 계시다는 것을 확신합니다. 제가 박사에 관해 너무 많이 썼네요. 제가 사랑하는 형제에 관한 하나하나가 사랑하는 어머님, 당신에게 얼마나 소중한지 알고 있기 때문이지요. 그리고 박사가 돌아오기 전에 편지를 쓰고 싶었는데, 왜냐면 이후로부터는 다시 박사의 체력을 보존하라는 둥, 꾸짖기 시작해야 할지도 모르기 때문이랍니다.

이제 관심 있으실 제 오빠에 관한 소식을 전하겠습니다. 여사님께서 알고 계실 수도 혹은 아닐 수도 있지만, 그와 나는 이 낯선 세상에 도착한 이후로 한 집을 공유해 왔지요. 시카고에서 열린 기념식에 참석하느라 그가 떠나 있을 때를 잠시 제외하고요. 다음 8월이나 9월에 저는 그를 더 나은 손길에 넘겨줄 예정입니다. 그때쯤 그는 잉골드 박사(Dr. Ingold)와 결혼할 예정입니다. 저는 새로운 거처를 찾아보기 시작했는데, 이 집은 우리 모두가 편안하게 살고 일하기에는 너무 작기 때문입니다.

이 도시에 집이 하나 있는데 이곳에서 제가 내년 겨울을 지낼 계획입니다. 그리고 나면 나중에 선교부가 좀 더 나은 위치에 집을 지어줄 수도 있을 것 같습니다. 도시에 사는 동안은 주변에 있는 여성들과 접촉할 수 있기 때문에 좋은 기회라고 여겨집니다. 우리 모두 여사님과 진 양이 어서 오기를 아주 기쁜 마음으로 기다리고 있습니다. 아마도 잉골드 박사가 동행할 터인데, 그녀가 아주 좋은 사람이란 걸 느끼게 될 것입니다. 여사님과 진 양을 우리 전주 모임에서 기쁘게 만날 수 있기를 바라며, 사랑이 풍성하신 하나님 아버지의 축복이 내내 함께하시기를 기원합니다.

사랑하는 벗
마티 테이트 올림.

1905년 월요일

전주, 한국

박사님께,

어제는 비가 와서 교회에 참석한 사람이 많지 않았어요. 하지만 리진수가 와서 200냥이나 헌금을 해서, 임 집사의 걱정을 많이 해 소시켰습니다. 이는 기도의 응답이며 하나님께 드리는 감사의 예물이라고 했지요. 많은 이들이 당신의 안부를 물으며 기도하고 있답니다. 당신은 바로 그런 사람이지요!

토요일에 당신 정원을 갈았습니다. 감자를 주문했던가요? 아직 아니라면 100파운드짜리 두 개를 보내주세요. 감자가 도착하면 심을 수 있도록 밭을 준비해 놓을 테니까요. 당신 몫으로 심지 못해 유감이네요.

병원에 있는 꼬마가 진정 그리스도를 이해하고 받아들인 것 같습니다. 우린 고아원에 지붕을 올리고 있지요. 아직도 교회 부지 가격을 놓고 협상 중이랍니다. 우리 교회 짓는 일을 리진수가 도울 것입니다.

다니엘 박사에게 내가 밤새도록 그를 위해 소 젖 짜는 꿈을 꾸어서 오늘 시장에 나가 다시 시도할 것이라고 전해 주세요.

당신 책상 위 있던 두 통의 편지를 부쳤어요. 그중 하나는 우표가 붙어 있더군요.

당신의 선한 마음에 축복이 가득하기를 빌며, 빠른 회복을 간절히 기도합니다. 제 아내는 주치의가 떠난 후로 많이 회복되었습니다. 혹시 남편이 없었던 것이 좋은 효과를 본 것일까요? 아내가 당신 어머님에게 밝고 긴 편지를 써 보냈답니다.

내가 가진 것들을 모두 심었는데 어제 비가 내려서 잘 자라라는 명령 같았습니다.

당신 기사를 전달해 줄까요?

강한 신뢰의 악수를 보내며,

전킨 드림.

추신 불(Bull)에게 프레스턴의 시험 문제를 되도록 빨리 제게 보내달라고 사람을 시켜 부탁해 주세요. 프레스턴 여사(Mrs. P)가 시험을 치르고 싶어합니다.

전킨

모두의 사랑을 전합니다.

포사이드 박사의 목포 전근에 관하여

와일리 H. 포사이드 박사

포사이드 박사가 전주에서 목포로 전근하게 되었다는 소식을 접한 한국인들의 시위가 있습니다.

그가 계속 남아있을 수 있게 해달라는 청원이 1,000건 이상 접수되었습니다. 여성들은 옷을 조각조각 찢어서 자신들의 요구들을 적었습니다. 시장과 관리, 군수, 단체들과 한국 기독교인들이 이 청원에 동참했습니다.

-진 포사이드

그는 내일 갈 것이라 말하지만, 한국인들은 강제로라도 그를 머물게 하겠다고 합니다. 여성들은 전통적인 관습을 따르겠노라 선언합니다. 예전부터 좋은 군수가 왔다가 다른 곳으로 전근 명령을 받았을 때, 그들의 옷을 도로에 깔아 펼쳐 놓으면, 옷을 밟고 지나가는 것이 그녀들의 몸을 밟는 것이나 마찬가지이므로 결국 그 군수가 지나갈 수 없었답니다. 여성들이 이 일을 내일 하겠다는 것입니다. 남성들과 소년들도 길을 막아서겠다고 선언하니, 어떤 일이 일어날지 알 수가 없습니다. 그는 어쩌면 문제가 해결될 때까지 머물지도 모르겠습니다.

-미상

원문

Letters from Dr. Forsythe to Dr. Alexander

April 15, 1903

Dr. W. H. Forsythe

140 North Upper Street

Lexington, KY

Dr. A.J.A. Alexander

Spring Station, KY

Dear Dr. Alexander,

I have been very much interested in your Korean work. Can you not come some Sunday soon and speak on Korea at the Maxwell St. Church? It will be a great help in arousing interest in that field if you will come.

If you can do this I will see Mr. Brand [illegible] to fix a Sunday that will suit your convenience. I wish to express my sympathy for you in your deep sorrow.

Sincerely,

W. H. Forsythe

April 17, 1903

DR. W. H. FORSYTHE
140 NORTH UPPER STREET
LEXINGTON, KY

Dear Dr. Alexander:

Your note received this morning. I am very glad you can come and am sure your visit will so much to stimulate interest in the Korean work. I'll see Mr. [Branch] and get him to fix a Sunday after your return from Chicago. Recently received a card from Mr. Bell at Mokpo, mailed March 2nd. Am sorry not to have been on the field by this time but have not given up hope of eventually getting there.

I would like very much to have a talk with you about the conditions & work [ie.]. Can you not drop in & see me some time when in Lexington. Am just across from the [Le____] bldg. & my practice [still] leaves me lot of time.

Sincerely,
W. H. Forsythe

June 1, 1903

DR. W.H. FORSYTHE

140 NORTH UPPER STREET

LEXINGTON, KY

Dear Dr. Alexander;

Your letter received. The work certainly is encouraging. I find myself longing to have a part in it. Hope you will be sure to drop in next time you are in Lexington.

You were talking of some vacation work for Mr. Oh. Have you thought anything of his visiting the church & telling of the work in Korea. It would have very much to increase interest in that field, I believe. Don't know if it's possible or not but I knew of a person - Mr. [illegible]- who visit to put in his vacations that way. Enclose a clipping that you may not have seen. Is there anything in English one could study on the Korean language?

Sincerely,

W. H. Forsythe

September 15, 1903
Lexington, Ky

Dear Dr. Alexander:

I just received the enclosed slip today after you were in. You can send it to Mr. Oh, so he can work on the subjects required. If you would write Dr. P. R. Taylor, Dean, Hospital, he might make appeal arrangements in Mr. Oh's case as he does not intent to practice in the U.S. Hope he can make it all right.

Sincerely,

W. H. Forsythe

[1400 Upper St.]

September 22, 1903

Dear Dr. Alexander:

Nothing further has developed in [our] case. If it does will let you know. Think you will hear from Dr. McClay in a few days about the visit to Richmond. I hope you will go.

Earlier you can arrange for Mr. Oh to [illegible] this year all right. I know Dr. Taylor personally. If I can be of any help will be more than glad of the opportunity.

Sincerely,
W. H. Forsythe

140 N. Upper St.
Lexington Ky

October 22, 1903

Wylie H. Forsythe, M.D.
140 North Upper Street
Lexington, Ky

My Dear Dr. Alexander:

I don't know how you are in politics but I know you are all right on the liquor question. So I venture to call your attention of the enclosed editorial, thinking it might be of some interest.

Sincerely,
W. H. Forsythe

August 23, 1904

Wylie H. Forsythe, M.D.
140 North Upper Street
Lexington, Ky

Dear Dr. Alexander,

Your letter received. Mr. Clifford has been away from [illegible]. I am set to sail Sept. 5th from Vancouver on Empress China. I have [illegible_3] he will keep the money for a while. You can keep a quite lookout and if anything turns to that you can let me know.

As you know my chief concern in this is my mother. I hope she will be given strength to keep up all right. I believe the whole thing is an answer to prayer. We must not let up in that [line]. Write to me. May God bless & keep you & lead you into His own way,

Goodbye
Sincerely,
W. H. Forsythe

September 23, 1904

Kobe

Dear Dr. Alexander:

Just a line or two to come before Steamer China leaves for U.S. Expect to get away for Korea on S.S. Ohio (American 1100 ton) 21st and get to Chemulpo 29th just in time for the Mission Meeting. But I hope in time for good work. Japan is very interesting and I could spend a good while here with much pleasure and prospect. There is a wonderful opportunity here for the Gospel. The war has opened up the way and the people are friendly.

Stir up the church to [serve] it now. Not next year but now.

Visited the military hospital at Osaka. 6000 sick and wounded soldiers. Very good hospital. Clean and fresh. Well organized. I am [illegible]. Many [care] in Jap army now. Found some supply (medical and surgical) [houses] in Osaka. Cheaper than U.S. but I don't know about the quality. Will try them to find out. [illegible] had a nice passage. Heard from Mr. Bell. Will try to write more freely late. Have been much rushed so far. Hope to hear from you on arrival at Kunsan.

With best wishes
Sincerely
WHF

October 17, 1904

Chunju Korea

My Dear Dr. Alexander,

Ever since I got to Seoul I have been wanting to write to you but you of course know the interruptions upon first reaching Korea. There is so much to be done & so many people to meet that the time goes in a rush & whirl that [swipes] away letter writing & many other similar things.

I should like to tell you a great deal should very much enjoy a long talk with you in fact. Suppose I better begin in the beginning & tell you things somewhat in order.

I had splendid trip from Japan on the Ohio. Good fare and clean room & delightful weather. The inland sea was like fairy land. I saw some of the daylight a clear sunny [fog] & [some] by moonlight a brilliant moonlight night. The moonlight added a sort of enchantment to the [fairy] [land], but you know how it is & those [illegible] my [olleupthey] to [describe] it.

First [T—ed] Korea came down the hill having come down from Seoul on the early train. We stopped a few minutes at [Stewarts] famous place & then took the train for Seoul. You know how [entirely] interesting the first trip to Seoul is. Everything is new & strange.

Quite a little town is springing up at the guidance of the Seoul Fusan RR & the Seoul Chemulpo RR, mostly Japanese houses. I thought the Ry. service was fairly good - so far from home.

Had dinner with Mr. Harrison at the "Grand Hotel," Mr. Emberly's place, & then went over to the Reynold's for supper with Mr. Bell. The Bells were staying there & nothing [would] [do] the Reynolds, but I [must] stay too. & it did not need much persuasion to stay in such a delightful house.

Almost the first thing they asked was how you were. In fact all the people out here have a great love for you. The Koreans too ask most interestedly of you. So you see you have good true friends over here in Korea.

I was sorry not to get to Seoul before our annual meeting adjourned, but I saw a good deal of the work of the at Fusan. A boat load of coolies came alongside to unload rice the Jap. [cupped] [shielded] some of them in a very "unladylike" manner but the Koreans took it with great composure it seemed to me. One poor Korean got a [-emble] [blown/flown] in the [foil] from a long pole which got caught against the sides of the ship suddenly let go knocking the coolie [over] under the bottom of the boat. The last Isaw of him he was still holding his head [down] & looking most doleful.

I went ashore the[re] but [did] [not] like the looks of things so [over soon] [went] [back] & watched procedures from the deck of the Ohio. Everything was interesting. I enjoyed the short stop very much. Did not get out to the [Mission] station because of that time I knew very little of the [word] Was sorry after I reached Seoul and met some of its Fusan workers that I had not [lou-] out them.

Dr Irvin has a fine 16 bed hospital there completed within the year. From Fusan we went direct to Chemulpo. I got my stuff off & had just passed it through the Customs inspection without any difficulty when Mr. Bell & Mr. Harrison.

Northern Pres. Mission which was still in session as well as [met] [several] in fact nearly all those present. [Met] [Northwoods] sister. They have a wonderful work at PyengYang. I sent you of the reports. More than 1100 baptisms at Pyeng Yang last year. I met many of the Seoul workers too. Mr. Gale, Dr Avison and others. The Northern Pres. needed to open three new stations next year. one in the south [illegible] Taigu and Seoul. The past year was a good one in mission work. I missed seeing the Kunsan and Chunju people but met the Mokpo workers. You knew that the Prestons baby died. Dr. Avison said it was a fairly easy delivery no [illegible]. But the baby developed what he said was [gangrene] of the leg (right ^leg I think) and had to be amputated. Dr. A and Dr. Hirst (NP) did the work a short time after the baby was born, It lived till Mrs. [Wiley] [saw] it. She seemed reconciled to its death so did the Prestons.

I found that the mission has decided to send Mr and Mrs. Junkin to Chunju as that would leave Mrs. Bull alone (no lady there) They sent the Daniels to Kunsan and me to Chunju temporarily. Mr McCutchen, Dr. Nolan and I caught the first boat from Chemulpo for Kunsan the [Masanya] - a small Jap [that] they first said we'd have to sleep on deck. Out of [illegible] for the consideration of Yen [3] a piece. [from] [illegible] [us] some [illegible]

We left Chemulpo about 5.P.M Thursday and passed out near the [wrecked] Russian [vessels]. They [can] [illegible], lying down to a small island, about six or seven miles out from the shore. The [Masanya] ran into rough weather that night and you can imagine the condition of her passengers. About 4.A.M we ran in close to a small island and dropped anchor until better weather. This storm and delay kept us from reaching Kunsan till about six o'clock Friday - 24 hrs. race.

They gave us a warm welcome and soon the [Masanya] and storm were forgotten. Mr. Bull who was taken with Dysentery at Seoul was still in bed although some better. The Junkins were all [torn] up moving to Chunju. We slept in your old room at the Drew house. Saturday the three Doctors went over the medical subjects [and ··· ded] them up as well as possible. Dr Daniel has bought a full outfit with [his]

[Mr] Oh said he was going to write to you and have it all [stopped.] They certainly did think a lot of the Junkins [there]

Mr. Junkin has been sick for a day or two here. but I think he will be out now in two or three days more. They have Mr. Harrison's house. He ([Mr Homon]) will [illegible] with Dr. and Mrs. Daniel at Kunsan and have charge of the school there. We had a fine trip from Kunsan over to Chunju. Left about 9 AM and got here about 7 PM. Had [good] [illegible], a fine October day and the [illegible] was in excellent condition.

About half way over we found Mrs. Owen resting and eating her lunch (having been on a visit to the Tates and returning to Kunsan to meet Dr. Owen to go back to Mokpo.) We joined her and had lunch under a big pine tree on the hillside.

[Heralded by] the [barking] of merry Korean boys we crossed

the little stream and climbed the hill to Mr. and Miss. Tate's house at Chunju. We had a warm welcome and a good supper. the whole day was a delightful one

[allowance] and so the most of the stuff [went to] Nolan and myself. Your outfit was in good condition. Mrs Junkin had taken good care of it. Dr. Drews was not in very good shape but some of it can be used. Altogether we got a good outfit. There is no microscope at either station but then we won't have much time for such work. I brought my own instruments [etc.] along. Have enough for nearly all the operations, I think.

Had one case at Kunsan Dr Danel did while we were there. Child with a needle broken off in her leg. I have had some cases here at Chunju. We are not supposed to practice regularly for [illegible] though. Mr. Junkin did not want to give up Kunsan but the mission [illegible] to [them] [is that] for him to come here, when he would not have so much itinerating to do on account of his health. His farewell sermon at Kunsan was very touching. He broke down and many of the Koreans did too. The sobbing of the women could be heard all over the church.

Chunju is a fine place. and so is Kunsan.

We have had fine weather for a week or two. I am delighted with Korea and hope to do some [hard] work, [this winter].

Have begun on the language already. Dr. Nolan left this morning to go to Mokpo. They are moving [into] the interior then putting up temporary houses [in] Chunju or [rather] getting ready to do [so] so soon as [favorable].

so he came by here for a visit.

Mr McCutchen and I live in Dr. Ingold's house for the present.

Last night we heard a great [illegible] down in [town] and went down. Just at the foot of the hill a house had fallen down. The Koreans were asleep inside and were bruised rather badly but no bones were broken. The house was in ruins. We had to fix them up the best we could. We know practically nothing of what was going on in the world but supposed that will not change the course of events very much.

Mr. Tate, McCutchen expect to start on a country trip in a few days.

Went to [Pyedang] a village near here (10 li) to see a man with tuberculosis. They seemed very grateful.

I have not gotten your things yet. expect some [linen] which Mrs. Junkin sent over. sheets, towels, pillows, [slips], [blouses], [illegible], etc. Nolan was a little short on [such] things and I let him take some with him to Mokpo. Expect to have the other things sent over soon as they will no need them at Kunsan. When I get them all together I will make out a list of them and send it to you. I did not spend all my allowance for outfit as you had [told me yours] was here. I can send you [check] for yours and that will make it all straight. Whatever you say will suit me: I know it would make you happy to know how grateful we all are out here for your help for the mission. Personally I want to thank you for my coming for if it had not have been for you I should probably not have come (humanly speaking). I am delighted with the country, the work and believe I shall love the Koreans more and more. When I told Mr. Gale goodbye in Seoul he said that

I would grow to like them better and better.

Saw a poor fellow this evening who had [cut] a deep gash in his foot near the ankle joint with a grass sickle. When I got to him he had stuffed it full of leaves and [trash] and the foot was swelling and [beginning] to pain him. I cleaned out the grass and [dirt] and washed it off with hot water and put a clean bandage on. It certainly looked better and he seemed much relieved and was certainly very grateful. The same fellow has a bad [con..] which I am treating. There is a joy in the work that I know of in no other. and you must have it too for it is through you that the work is being extended.

Mr. Harrison came over from Kunsan today. He had been to Pyeng Yang since the Annual Meeting at Seoul. Said that Mr. Bull was getting along fairly well. said Dr. Daniel has to use morphine to control the trouble. Hope he will soon be all right. Mr. Tate and Mr. McCuthen expect to go out on a country trip soon While in Seoul I visited Dr. Avison's new hospital 40 bed with dispensary, laundry, kitchen, etc. completely. He had a nice operating room. Mr. Severance of Philadelphia, I think, is [standing] for it. So far it has cost 28000 yen. Dr. [Herst] of Philadelphia had just come out to help Dr. Avison. I want to see Dr. Well's hospital at Pyeng Yang next Spring. Mr. Junkn is going up to see about bringing Dr. [illegible] [body] down to Kunsan and asked me to go with him.

Had a big batch of mail from America today which Mr. Harrison brought from Kunsan. Thought I'd have a letter from you but did not find it. Hope you can write often as I shall always be glad to hear from you. Had a very nice letter from Dr. Chester. He wrote my mother a very kind letter also, which I appreciated.

There is so much to write that I hardly know where to stop, but suppose I'd better leave off here and wait for another time.

With kindest regards to your [illegible] family and to Dr. [Paul] family,

I am sincerely
W. H. Forsythe

October 18th 1904

December 13, 1904

Dear Dr. Alexander -

Your letter received. Glad to hear from you. Have [illegible] writing [illegible] along to you and hope you will keep them coming the way regardless of mine. That was a good record from Fusan to Ky. in 18 days. I received a letter and package from Dr. Avison in Seoul mailed in Seoul on Nov. 12th and reaching here Nov. 27th - 15 days. So you see things are moving in Korea too. That however was [such] an exceptional case. The boats have been very irregular about coming into Kunsan this fall. Carrying [stuff] [north] before the [winter] for the [Japanese] forces. Some of the mail come by railroad and ocean. This is very good service about 3-4 days down. Am digging away on "Choson [rail]". It is a [illegible] [operation] too. The mission ordered the doctors not to do any medical work for [3 mos.]

But I really do not see how to avoid it and stay in reach of the patients. I have seen about 250 [come] at the [dispensary] and made some 40 or 50 calls at home of [illegible] since about Oct [15th] when I began work here. Some of these have [been interesting] [cases]. One of them was an adherent placenta. The woman had given birth to [twins] about 30 hrs previously. I had to [divulse] cervix with my hand and use fingers for [curette] with no anesthesia and no assistance except the woman's husband who held her [head] and a servant who heated the water and a [Christian] woman - Miss Tates helper who was all right. The [bead] of [hout perspiration] were [rather] thick when I got through but the woman got along all right and her husband said it was worth [illegible]a [hundred] [yong] - [Which I didn't] get by the way.

Another was a case of [ophthalmia neonatorum] in a baby 10 days old both eyes. Couldn't see the baby's eyes for about the first weeks treatment b/c the swelling of the lids, [pus] etc. Now the baby is fine and has two good eyes.

Other cases have been a good deal of work with not such good results but on the whole I think the work has been fairly successful.

We have started a sort of home for orphans that were begging on the street. Have about six or eight now. They were practically naked, and they [seem] to like their new [quarters] all right.

The work is encouraging. Last Sunday the Church was packed with many at the doors.

The Il Chien Wheys - a sort of reform club were there en masse. It is well that they are favorably inclined toward Christianity. Now is the time for a great work in Korea. If the Church will only rise to meet the great needs. Keep them [stirred] up all you can. We want to get all the Christians [united] in a prayer league praying for the [native] Christians that they may be [faithful], for those who have not yet accepted Christ and for those who have not yet hear the Gospel and for more [workers]. [illegible] many will go into it. (Matt 18:19, 20)

Have written Mr. Reynolds about the [scripture texts] for [illegible] [illegible] in Seoul in Korean Chinese and Japanese As they are in Louisville, N.Y. and Chicago. Will put you down as one of the company [illegible] I [hear] to the [contrary].

Now is the time to [evangelize] Korea. There is much unrest in the country. People in many place are drifting to the Churches and it is a mighty good way to drift. Was out with Mr. Junkin to see a sick man some 50 li out. They are building a nice church near there.

Had a nice invitation from Mrs. Reynolds to spend Christmas with them in Seoul. May go up for a week. Mr R. is coming down for the [illegible] which meet here in Jan'y. Mr. McC is out in the country.

[because] the [hurried] way in which this is written [badly in] Know how things press in on you out here. And I have to get time to write as [fast] as I can. [Sorry] to [hear] that Dr. [Rout] is no [better]. Cant [you] get him to go South for the winter and take a complete rest and [change].

Am always glad to hear from you.

With kindest regards to your mother and my friends in [illegible] - [Lexington]

I am
Sincerely
W.H. Forsythe

Don't forget the work out here in intercession,
Chunju

April 4, 1905
Kunsan, Korea

SOUTHERN PRESBYTERIAN MISSION
In Korea.

Dear Dr. Alexander:-

Mr. Junkin said he would write you about my mix up with the Korean robbers. It was a wholly unexpected experience to me. I was sent for to see an old man sixty years old who had been beaten and robbed. I went out Saturday evening, dressed his wounds and expected to be back to Chunju Monday. Sometime Sunday night or Monday morning I was awakened with the room of my door open and a Korean pointing a gun at me and several others with guns [too]. I thought the man was just ready to shoot and ran out the door and grabbed his gun to keep him from firing. The rest of the men closed in and attacked me from the rear. The principal wound was through my left ear - the external auditory canal and piercing the [bony] process back of the ear but not entering the brain cavity. Also several bad scalp wounds and a cut on my left leg. When the robbers came into the yard the old man's wife tried to stop them but one of them knocked her down.

After I had fallen unconscious (so I learned later) the old woman ran in and [cleaved] herself over my body and told the robbers to kill her but spare me because I had come out to help her husband get well. This probably kept the robbers from doing further damage. An old Korean doctor finally got the blood stopped although I lost a large quantity. Mr. Junkin, Dr. Daniel and Mr. Harrison came out Monday. I had regained consciousness by that time and brought me in to Kunsan. They have taken good care of me and I am now able to sit up. God spared my life almost miraculously. Since the trouble I have heard that Y. Chuica brother of the man I went to see 62 years old and a Confucianist has publicly stated that he believed in Christ and sent two hundred yang to the Chunju church as a [thank] offering. So God is bringing good out of evil.

I send these few lines that you may know I am better. Remember me to Dr. Rant and fondly to your mother and many friends in Lexington. Congratulations on your happiness.

Dr. W. H. Forsythe

October 20, 1905
Chunju, Korea

Dear Dr. Alexander:

You are probably home by this time and must have had a delightful
trip to say nothing of your happiness. I received Mrs. Alexander's
letter and your card not so very long ago and both gave some
hint of your happiness. After so long an absence, though, Kentucky
must seem more beautiful than ever.

Over here in Korea work is so pressing that we have had to
cut out many things. Letters for one thing have been neglected.
It is impossible to tell you how much work there is. The Koreans
have been [stressed] up as ever before. They are seeking for
something they hardly know what and recognizing the missionaries
as their friends naturally come to them and there is the opportunity
for presenting the only remedy. Surely it is the work of the Holy
Spirit moving on the people & preparing them for the kingdom.
The [present] church at Chunju has [become] far too small for
the crowds that come and work on the new one progresses. Mr.
Junkin has worked hard and faithfully in building it. He is a hard
worker. Sunday preaches and teaches from 9:30 till after 12, trying
to instruct the crowds who have been attending. Not only here
but from all side comes good news of people flooding to the churches
and [starting] others. The demand for books and tracts has been
very great. The edition of new Testaments was exhausted long

ago and there is nothing to do but wait for another one and [push] the [sale] of gospels.

Mr. Bull & Mrs. Bull & the children were over recently and spent a few days. Mrs. Bull brought this phonograph and gave some concerts with it for the Koreans. They seemed to enjoy it very much. One piece which never failed to bring down the house was "Uncle Josh at Coney Island." Uncle Josh's laugh always brought a response from the Koreans.

The medical work has threatened to overwhelm us. Thirty, forty, fifty and sixty cases a day has left little time for other things. Study of the language has had to be very much cut down. The record for September showed 880. For October it is already over 750 with ten days more. Mrs. Tate (Dr. Ingold) returned about two weeks ago and took some of the work in the morning. She and Mr. Tate are now in the country on a trip. The Country work needs looking after so urgently that they will be gone, or expected to be gone, a month. Mr. McCutchen is preparing for a trip leaving tomorrow and Mrs. Tate expects to go next week. So you see it is not a very idle station.

You have probably heard by this time of the arrival of a fine boy at the Junkin's house — Marion Montague. He was born Aug. 23rd. The Junkin family and myself were here later while the rest of the clan went to Seoul to the Annual meeting, consequently were not present at the wedding of Dr. Ingold and Mr. Tate. They seem to be very happy.

It looked for a while as though I might have to go to America for treatment and I had been ordered to go & had passenger engaged when I received word that my mother was coming with Dr. Ingold. I decided to wait results in Korea. In the meantime, word had reached America that I was coming home & my mother did not come. It was quite a mix-up but one which might easily [avail] under the circumstance. With the exception of some [deafness] in the ear & some rather evident trace of the cuts, I have recovered from the trouble and am very thankful to our loving Father for his manifest preservation of my life and to all my friends' both here and at home for their prayers and [sympathy]. Should be glad to be remembered to all my friends. I take you will find time to write me. With kindest regard to Mrs. Alexander & yourself.

Sincerely,
W. H. Forsythe
Oct. 24/05

Dear Dr. Alexander: Just received your letter Sept 20th. Glad to know you had such a delightful trip. We are loaded down with work here and people reinforcement will soon come. The Junkin family and myself are the only ones at the station now. Marion Mongatue Junkin born Aug. 23rd is doing very nicely, weighs 14 1/4 lbs and growing 1 1/2 lbs a week. Dr. and Mrs Daniel had a little girl and the Preston also a daughter. Both born in Seoul.

February 9, 1906

Chunju, Korea

SOUTHERN PRESBYTERIAN MISSION

In Korea

Dear Dr. Alexander:

If I had written to you as many times as I have thought of you, you would have a large stack of them but in the rush of work I have put off much necessary writing & I find a letter to you one thing that must be attend to. Have been here hard at work since Aug 10th when I returned from Seoul. Dr. Nolan was here then & staid 'till Aug 23d when he was called to Mokpo by a telegram from Mr. Preston. Montegue Junkin arrived in August and consequently we did not go to the annual meeting all except the Junkin & myself went. While they were all way we had a great rush of people. Day after day they would come. Mr. Junkin by mistake had gotten 5,000 books instead of sheet tracts. These books were soon all bought & more could have been sold if they had been available. As you know the new edition of New Testament was exhausted long ago & some difficulty has prevented the next edition which we hope will be out in a few month as furthest.

The year has been a most remarkable one as you will see by the station report. Last year report for the mission showed 43 groups 428 communicants 178 baptized [during] the year & 304 catechumen received. This year's report showed 112 groups nearly 3 times last year. 761 communicants, 352 baptized during the year & 859 catechumen received & still the work grows by hops & bounds. The [prospect for union] of forces is very high & [moves] a still more aggressive work. United prayer has had a big part in the remarkable result. I believe & if our church will only use that [neglected] source of power the result will be for greater still.

Our medical work has been growing too. Since July 20th when the [illegible] was started again the register shows more than 4500 calls have received attention. This includes a big variety of cases as you know

August 6, 1906
Lexington, Ky.

Dear Dr. Alexander,

Enclose Mr. Junkin's letter. Note what he says about Mr. O. The pledges have not come in yet from Maxwell. He has pledged $100.00.

Mr. Junkin said that 767 Korean members had raise $1649.50 gold. This is the membership at Chunju & Kwangju. The other station (Kunsan) was not in yet. 140 meeting places. Last year 69. 34 new [illegible] built during year. Baptized 410-last year 208. Total come 10005. Catechumen 1289. This is certainly most encouraging. We must keep on praying. Is the Nisbet go out this Fall. What about [houses] All house is full now. At Chunju [none]. Mr. McCutchen & the single ladies house going on now. Mr. Mc will probably bring Mrs. Mc. Down some time in year. Things are sure moving. Must have [illegible] meeting & keep ton praying for more blessings. Thanks.

Have to see you before going.

Sincerely,
W.H.F.

June 11, 1907

[illegible] Hill

Near [Beverly] WVA

Dear Dr. Alexander;

Your letter recd. I would be glad to see you at Danville June 18th & 19th. There is no urgent [illegible] about the Dr. Nolan case. Hold [illegible] till you know all the circumstances. I hope it can all be [encouraged] all right.

[illegible],

W. H. Forsythe

June 27, 1907

HOTEL FLORENCE

Birmingham, Ala.

Dear Dr. Alexander;

Hope you are home O.K. I miss you a lot. Engage our [being] together very much. Thank you for all your kindness. May God bless you richly for it all. I believe the Holy Spirit is working. We must keep on praying & working. Luke 10:2, Matt 18:19, Zechariah 4:6. Regards to Mrs. A. & the boys for me.

Yours in His Service,

W.H.F.

February 11, 1908

[246] W. 57th St.
NYC

Dear Dr. Alexander:

This is in your old [hands], I believe. [This part of town] I'm praying [illegible] with the [Pres Club] A fine lot of men they are too. Have had a great opportunity [here] in [P&S], Bellevue, [illegible] etc. to get the calls of the East for [new] men. Many are deeply interested - some, I believe, will go.

Pray that God will give the increase from these men. Also have gotten some of the training schools to start [illegible] medical mission. Information is necessary to interest supporters.

Mr. Junkin's death was indeed a great shock to me. I loved him. We worked together. [I miss] him but God knows best and does all things well. All things work together for good to [illegible] that love God who [are] the called [according] to His purpose.

Mrs. Junkin and the boys and girl will come to U.S. when the weather is warm enough for them to travel, I suppose. She is a brave little woman. And the boys are fine fellows as you know. How is the boy at your home?

Mrs. Alexander, your mother, spoke of a [illegible] and [illegible] I [appreciated] and the other day and I suppose [illegible] [applaud] from the [illegible] school. I will try to find out something about the men if possible.

Glad [Kenneth is out] again. [illegible] he will [illegible] [to] all. Expect to see Dr. [Charle] today and talk over future course I want to do. God's will in it all not mine. Pray that His will shall be done in it all.

With love to all.

I am

Yours in His Service

W. H. Forsythe

Do not think the [illegible] many for [building]

March 20, 1909

S.S. Mokpo

Dear Dr. Alexander:

Am now on my way back from Seoul where I went and to try to get a passport for Ye Yo Chai to come to America with the Daniels as you cabled him to [hurry] one. Mr. Sammon, an American Consul General was very [good] to give us assurance that if the Japanese would [give] permission to go. But they refused to give passport to him. Also refused to give permission to a Korean woman to join her husband in Hawaii saying her husband had better come back to join her. So you see how the matter stands. You might take the matter up at Washington and see if a Secretary of State will instruct Mr. Sammon Consul General Korea to ask for permission to go. [illegible] [students] were [exempted] A young Korean [is] now on board going with the Daniels to study in Massachusetts but application was [illegible] for his [illegible] [time] ago. Did not see [illegible] as he was at PyengYang.

Mr Bell and Mr McCutchen are back at Pyeng Yang for the Seminary. More than 100 men at the Seminary this year. New YMCA building finished. [80000 yen.] Fine and [convenient]. New [illegible] Hospital said to have cost [#00000] yen. [South] [Gate] Seoul [stand] [as am such] the [illegible] [housing] [illegible] taken away He [illegible] [many around] and said to have cost [125000] yen. [Waterworks] for Seoul also for Chemulpo. School building new [missionary house] and new [missionaries] [should come] for encouragement. Two men [home] at Kunsan many can [illegible]. Her [illegible] [put] [buy] hospital. Single women home. [illegible] the [well]. Hope girls school at Chunju will be underway soon. [Mrs. Helen Roman] received a gift of $2500. [This with money from Petersburg Church and] [illegible] [place] [illegible] should buy up to $4000 as asked of for [Am] [illegible] trip well. Mrs. Logan [for the] [illegible] find reinforcement. Our mission is asking for 6 ordained men, two men for school and six [illegible] for evangelism [time], and [illegible] etc. Also new mission house, [two] hospitals.

Hope to get to Kunsan in time to get to Chunju for Sunday. Am [illegible] 3rd [illegible] as [stateroom field]. [illegible] [illegible] Chemulpo. Mokpo for 300 Yen. Much [evangelistic] opportunity to reach some of the people. Don't forget us Take care of mama - Jean [illegible] love to you all.

I am as ever

Yours in His service

W.H. Forsythe

Isaiah 58th [illegible]

Isaiah 40:9-17.

Psalm 41:1-3

P.S. Dr. Oh has a large clinic at Mokpo about [50] the day I was there [An] old man came in with a [relative] woman much suffering. [illegible] [mind] [illegible] but no [illegible]. Dr Oh [pressed] [illegible] [illegible] the old man: relief was very great as well as his exclamation of gratitude. Dr Oh is to take charge of work at Kunsan while Daniel is away. Mokpo is a fine [illegible] for medical work.

April 1, 1909

S. S. Amoy Maru

Dear Dr. Alexander:

Just had a fine visit to Chun Ju and Kunsan. It would do you good to see the work now Chun Ju Church packed. 547 At Sunday School. Boys School prospering. also Girls School. [Rock] for [back] building's foundation [was] being [covered]. Medical work prospering Dr. Birdman has had over 90 calls in one day. Need good hospital. People [petitioned] the [sent] [there] [don't know] what action Korean Mission will take. [Now] Kunsan prospering. New home for single ladies nearly completed also Mr. Earle's house. Need the hospital operating room. It is very good. Great improvement over the old conditions. They want to take present medical plant for school and build new hospital complete. Mokpo St prospering. Mr. Bull had received your $1000. Thank you for your continued interest and labours.

Psalm 44:1-3 also Isaiah 58th

Love to all your family. Come & see us. Expect to reach Mokpo tonight and go ashore in the morning. Pray for me that God place me just where He wants me to be. May He bless you more and more. Write often. Received Reports, Birmingham Convention. Thanks for the [ ] . With much love

Yours in His Service,

W. H. Forsythe

Doc. Po

P.S. "Don't stop Praying"

Matt 9:35-38

Reinforcement a need for 6 Evangelistic 2 Educational men. 6 single women.

Also pray for great revival at home and abroad, to personal work. Try to speak to at least one person every day. More if possible

WHF

Love to the boy and his mother your mother, Mrs. Carter. Dr. Oh is doing fine. [illegible] Mrs Logan. Mokpo, Kwangju

May 1, 1909
Mokpo, Korea

Dear Dr Alexander,

Your letter with the good news received.

May God bless your mother and you all for your [goodness]. [illegible]

Please thank [Mrs. Fullerton], Wish I could have met her too. Send her the little report enclosed.Showing something of the work. We are very busy. Very little time for study, [average] for [last week] [practically] 60 a day including inpatient and outside calls Have [fine] lot of helpers.

Much evangelistic work done. Gospel tracts distributed. Christians [were] there daily in [preaching] and personal work Pray for Gods blessing on the work # Without His blessing it is in vain. Except the Lord build the house they labour in vain that build it. Mr. [Koque] is here now. Has [been] to Kwang Ju] to see [Mrs. Log] on whom he knew in America. He is a fine man. Send us many more like him.

[Must] [illegible]. This is just to thank you for your goodness. And thank your mother and Mrs. Fullerton. If it goes to the general [fund] it all [regret].

I wish we had a special fund for the hospital Mr. [Carter] said she thought she could get $15000.

We need a good [illegible] here as [illegible] a [illegible] [illegible] present. [illegible] [is it] does is [island] work Mr McCallie has a few work on [these] islands. Has a good boat [illegible] he had already visited

[illegible] 200 villages and proposed to visit [all] in his [territory].

We are looking for Mr Preston today.

Push the special case for Korea and send us the 32 workers this year and the $150000 to support and equip them. Matt 9:35-3[6] and 18:19 and 28:18-20

With love to all. How are [Mrs AJ.A] and the boy.

I received her letter of thanks

Wish it had [been seen] and they [illegible] to send [to]

Your in His service

W.H.F

P.S. Also Ps

Have written Dr Nolan

Will [let you] [illegible] [...]

We need D. [H..] [body]

Also Dr. [illegible] [...]

August 9, 1909

Kunsan, Korea

Mokpo [ ] S.S. [Chekugy] Maru

Dear Loved ones: -

Just a few lines to tell you I love you and [keep] letters on the way. Have not heard from you now for about two weeks as I came to the Annual meeting about that long ago. Have been waiting for a steamer that would not put me in to Mokpo on Sunday morning. Expect now to go tomorrow God willing. No letters in the meantime from home. Am glad to get them when I get back to Mokpo.

We had a good meeting. The Kunsan people took good care of us. I have enjoyed mmy visit here very much. Think I have gained in flesh too. I think Korea Mission. He promised $10000 and his mother $3250 of her $10000^{00} and his Aunt $10000. And that he would work for more. [He] suggested D. Reynolds. The mission [illegible] [illegible].

"Praise God from whom all blessings flow." I want to write him a good letter if I can get the time.

Must hurry. With bushels and bushels of love to you both Praying God's blessing upon you.

I am

Lovingly

Wylie

August 10, 1909

Mokpo

Started the letter at Kunsan. Came down on Japanese Steamer last August. Fine trip. Beautiful morning. We have just gotten to Mokpo and expect to go ashore soon. Glad to get back. Hope to get letter from you today. Do love you both. I pray for you daily and think of you so much. Many ask about you and want to know when you will come. Hope you will go to [Montreal] this year and enjoy the trip and get much benefit from it. Pray for a great revival in Korea Matt 18:19 and pray for more laborers Matt 9:35 - 38. Tell Dr. Alexander his letter brought much encouragement to the Station. Mr and Mrs. Harrison go to Mokpo and Mr. Venable and Miss Virginia Jones (to come out) to Kunsan Miss Cordell also to Mokpo.

The work is pressing. Pray for a great revival to sweep Korea. Matt 18.19.

Did you ever notice that Jonah preached about a week was it not in Ninevah and the city repented. (about 300,000 people) why not thousands repent in Korea this year. Why not? Pray for it daily and get others to pray and [lessen wrath] what God will do. Kunsan is prospering. Beautiful new house. Mrs. Earles and Single ladies. The Francis Bridges Atkinson Hospital is fine and convenient. Dr Oh is doing great work. He is fine. Two clinics, one at station and one in port. Mission [illegible] [used] dispensary ($1200) also need one for Mokpo. Think we have a [beauty] of plan for Mokpo. Hope also to have new Hospital Mokpo soon. Good clinics. Church crowded so have to use the Watkins Academy for the women. Pray for the whole city to come to Christ. Many have heard the Gospel. Mr. Kagin is on board going to take Mrs. Logan up to Northern Presbysterian Stations and Annual Meeting etc.

Must close. Write often. I appreciate your letteres. May God bless and use you richly. Again thanking you for all your kindness [on behalf] of the mission for your prayer interest efforts - gifts for the [illegible] [are hers]

Thanks - In behalf the Korea Mission

Sincerely

Yours in His Service

W. H. Forsythe

August 11, 1909

Dear Dr. Alexander

Just got in from Kunsan. I got your letter at the annual meeting and we sang "Praise God from whom all blessing flow" and by [a missing] both expressed our appreciation of your great interest and efforts for Korea and for your gifts. Please thank your uncle and aunt for their liberal gift in providing for the needs of the work. I am so appreciate it. May God bless you all. Psalm 41:1-3 and Isaiah 50, Matt 35:31-41. "Inasmuch as ye have done it unto one of the least of these my brethren, ye have done it unto me" (Matthew 25:40)

We had a good meeting and there are changes in station. Mr & Mrs Harrison go to Mokpo and Mr. Veneable and Miss Virginia Jones (to come out) to Kunsan. Miss Cordell also to Mokpo.

The work is pressing. Pray for a great revival to sweep Korea. (Matt. 14:14) Did you even notice that Jonah preached about a week and was it not in Nineveh and the city repented. (about 300,000 people) Why not thousands repent in Korea this year. Why not? Pray for it [Pray to] get others to pray and let's watch what God will do.

Kunsan is prospering.

Beautiful our houses Mr. Earles and [illegible].

Kunsan Hospital is fine and convenient.

Dr. Oh is doing great work. He is fine. Two clinics are at Hill and out in port. Mission vest new dispensary ($1200) also need one for Mokpo. There we code a beauty of plan for Mokpo.

Hope also.. new hopstial in Mokpo soon. [Good] clinic, church crowded.

Pray for the whole city to come to Christ.

have heard the Gospel.

going to [talk] se slogan up to Northern Presbyteries Stations & annual meetings.

I must close. I appreciate your letter. May God bless you and use you richly. Again thanking you for all your [illegible] in behalf of the mission for your prayers, interest, efforts and gifts for the work over here.

Thanks in behalf of the Korea mission.

Sincerely

Your is in His service,

W. H. Forsythe

October 15, 1909

YOUNG MEN'S CHRISTIAN ASSOCIATION
SEOUL, KOREA

Dear Dr. Alexander:-

"A Million Souls for Jesus in Korea in 1910" is the watchword adopted by the General Council of Protestant Mission in Korea at its meeting this month in Seoul. Pass it on. Also, we want the word for God in every home. Personal work by every Christian. "A Mission Souls for Jesus" means one soul a month won by each of the 80,000 Korean Christians. Why not? Unite with us in prayer daily prevailing intercessory. Matthew 9:35:38 & 18:19 & 28:16-19. Not by might nor by power but by my Spirit, said the Lord of hosts. Zechariah 4:6. Dr. Chapman & party left today. Great meeting. "But first gave their own selves to the Lord" II Corinthians 8:5. Read this. [Remember wholly] God that He may use you is the message. Send us the men & women & all needed. Above all, we need the equipment of the Holy Spirit. Zech. 4:6. Love to all. Pray for us & for the good time when Korea & all the nations shall be given to Christ.

Sincerely,

Yours in His Service,

W. H. Forsythe

December 15, 1909

Mokpo, Korea

SOUTHERN PRESBYTERIAN MISSION
IN KOREA

Dear Dr. Alexander:

In the meeting of the Administration Committee has been called & meet in Chunju in January. God willing, & I had just the budget as you probably know the estimates for the year were cut over $50,000 cutting out the new station & all hospitals except the one at Chunju already provided for.

Is there no way this could be made up as a special gift? Of course we do not want to interfere with any other field but I believe it will bring up the other field too. Do all you can. Let us keep on praying & working. And let us not be weary in well doing; for in due time we shall reap if we faint not. Galatian 6:9. Proverbs 28:27 has been of much help to me recently. "He that giveth unto the poor shall not lock; But he that hadeeth his eyes shall have many a curse" Prov. 28:27.

Let us not hide our eyes to the awful need of the [illegible] now. May God bless you & all you [love] in all things. It is after 3 [illegible], & I suppose you will pay for us to go to bed.

Clinic's good although some [snow]. Mokpo has a great climate. Now Dispensary nearly ready for [occupation]. Want to send you picture of it. You, Mrs. Alexander, the boys come over and help us. Why not? Not much lose.

Take care of Mama & Jean. Mr. & Mrs. Alexander, the boys. Mrs. Carter, Ms. Nices Sims, Dr. Rant & family. Don't let Dr. Reaves give up the work. Now is a great need. Like to go to the Rochester Convention. Don't stop praying. Matt 9:35-38 & 18:19 & 28:16-20. [I've] remembered you in prayer. Don't forget me.

Yours in His Service,
W. H. Forsythe

March 12, 1910

Mokpo, Korea

Not by might nor by power but by my spirit saith the Lord of hosts Zech 4:6

Dear Dr. Alexander : -

Praise the Lord for what He is working out today. Praise Him for the way He has used you. Your letter received.

Read it last night at the station meeting [Thank] ^our Heavenly Father for all [God's] working through you. May [He] use you more and more.

Your Aunt's gift is much appreciated. It was [apportioned] to the Girl's School and Boys Dormitory [here] at Mokpo. I.e. Mokpo's [share] Y 5000.^{oo}.

I send love to you all. God is working wonderfully [in] Korea today. Read the Korea Mission Field. Sent you. [500th] thousand edition of Special Gospel of Mark ordered. Thousands of days work given by the Korean Christian. [Need] prayer. Keep on praying. Korea wholly for our Lord Jesus Christ. Pray the Lord to send more workers. [Mr] [illegible] [has been sick] long time. Mrs. Knox also sick.

[Force small]. Keep on praying. All hospitals [cut] [except] Chungju. [A new dispensary] nearly ready. Also one at Kwang Ju [illegible] one at Kunsan [occupied]. Dr Oh very busy. She is fine.

Pray for her daily.

Have prayed for you in the loss of your dead mother. may the Comfort [bind] up the wound. How much our debt to [see] [Mothers - Father's] [for their] sacrificing love. [love] [illegible] [care] [of] my mother and [illegible] God's blessing and I [pray] for them daily. They write they are well. God is good [to] us. Pours us out such a blessing we can not receive it. Trust you could meet [Mrs. Doves] and [her] [son] Mr. George T.B. [Doves] who had been in Korea. Expect to leave on the [E..] of India M[ch 3rd] for U.S.A. If you go to the [S.S.] [convention] in Washington be sure to meet there or at the Dr. [Chapman] Alexander meetings.

Read account of [movement] to Korea Answer to Prayer [that] they [illegible] [illegible] [We] visited the [illegible] in interest of the work many thousands of [illegible] of the Gospel have been [illegible] for as a result of the visits

[illegible] [illegible]. [illegible] [illegible]. Many come now. Pray for them.

Love to all. Mrs [Alexander and the boys]. [May] [they] [illegible] come and [see] [illegible].

"Come over into [Macedonia] and help us" The harvest truly is [plenteous], but the labourers are few. Pray ye therefore the Lord of the harvest that He will send forth labourers into His harvest.

Again. [Truly] I say unto you. What so ever ye shall bind on earth shall be shall be bound in heaven; and whatsoever ye shall loose on Earth shall be loosed in heaven.

Again I say unto you, that if two of you shall agree on earth as touching anything that they shall ask it shall be done for them of my Father which is in heaven, For when two or three are gathered together in my name there am I in the midst gather. Matt 18:18-20.

With love. [illegible]
W.H. Forsythe

Mokpo. March 12, 1910.
Dear Dr. Alexander
Enclose [illegible] with [cuts]. adjusted [Mokpo]. So you will have something [illegible]
Talk with Dr. Chester, Dr Reaves about it
[Rush] them to boat if it can get it [today].
Keep [praying].
Yours in His service
WHF

June 7, 1910

Mokpo, korea

Dear Dr. Alexander:

Praise God from whom all blessings flow. We just received word of the [$75000] for Korea.

Oh that we would [praise] the Lord for [His] goodness

And for His wonderful works to the children of men. Psalm 107:8.[15.21.31]

We are grateful to God for the gift and to [all] who contributed whether [great] or small. It [means under] God's blessing great things for Korea. We are praying for reinforcements. [May] the Lord of the harvest send forth labourers [into] His harvest. Matthew 9:37 - 38 and [18:19. 20 and 18: 16-20]

[Need some special] [illegible] [is] [lepers].

Three are [here] now in the [Yard] [eating their dinner]. And I [fear the fourth man] with them may have it also. They say they have no home. They wander homeless through the country. Lepers are specially responsive to the Gospel it seems to me. Under careful treatment [some]

[show] [remarkable] improvement.

Pray for them. How often our Lord Jesus Christ healed them! Praise and thank God for the $15000.

Please thank all who had a part in the raising of the money. May our Heavenly Father bless [you] [richly] for [your] part in it.

[Your Aunt] Mrs. Fullerton's gift was divided into four parts of Y500000 each and given to each of the four stations

[Mokpo] decided to use the amount at the [station] for a building for the Girls School, greatly needed. [Some] 75-80 girls this year in the school.

Please tell Mrs. Fullerton how greatly her gift is appreciated and needed. Please ask her to [read] a [recent book] on Korea, "Daybreak in Korea" by Mrs. Annie L. Baird for many years a Presbyterian Missionary in Korea. It will give some idea of the needs. If you [haven't read] it, do so please.

Suppose we will have our new hospital now. Praise God for that too.

Mr. [Preston] and I took a trip to [Chei Ju] recently, About 14 hrs from Mokpo by small steamer. Most needy people [illegible] [Mokpo] Korean [illegible] [has been] there about a year now. [Nice church] some 60-100 attendance. Church crowded at the [service] Sunday Crowds at the medical clinics. Most needy.

One poor fellow had been blown [open a] [illegible]. He came home with us. [Patients] came before [breakfast] and we worried till [illegible] [Church time].

How needy these people are. [Left] one of the boys there to carry out [the medical work] : [want] to go back this month God willing. Write me when you can. Love [to the] Alexanders and the boys, and yourself.

Keep on praying Matt 9:35- 38 and 18:19-20 - 28:16-20

Well and busy. God is good to us love.

[Mrs. Knox] is better than ever. Mr. [Thomson] has been sick [stomach] [to bowels] but seems better. Pray for the work and the [workers.] Your service in His W.H. Forsythe

One hundred sixty

[At] the mens [class] at Mokpo. 160 in [attendance] more than [3000] [days] of personal work were promised. Some [800,000] copies of the special edition of the Gospel of Mark had been [published] at last report. and some 70,000 [days] of personal work at various [classes] promised.

At the subscription for a new church here at Mokpo the women gave [their] wedding [rings] [one woman] [Mrs. Nam Goon] gave her wedding ring she had worn for some 30 years. Two women were at Church the [other] Sunday who said they lived 30 li 10 miles out. They had [risen] at Daybreak and walked [in] and [came] [starting home] 10 miles. One said she was 50 and the other "just 60."

They had heard the Gospel about a year ago from Mrs. Nam Goon the Bible woman above mentioned. They do need a chance. Pray and [work and do all] you can that all may have all opportunity to know Jesus as a [illegible]

October 11, 1910

Dear Dr. Alexander:-

My sisterhas written and I want to add a little to her letter. Her coming has been a great blessing, I did not know how hungry I was to see her. She has made a very different looking room out of mine. The new houses at Mokpo are fine. The one for N us is nearing the time when it will be under roof, God willing. The Laymen would be glad to see how fine a house their gifts will build. Now if the workers would only come too. Can't you do something in that line too? The call stands now at six ordained men, two doctors, three men for educational work, two or three single women for evangelistic work, two trained nurses. These should be on the field right away. Please do all you can to get them out NOW. Our force last year was sorely hampered in many ways and yet with it all God wonderfully. blessed it. What should we not expect if only there were some thing like an adequate force on the field? Mr. Harrison, Mr. and Mrs. McCallieare out on a trip now as is also Mr. Knox. So the station is some what deserted. They are working while it is good weather. The Seoul campaign is on now. Saw in the SeoulLocation Press that there were over 800 at one meeting and 150 were baptized at the meeting so I suppose they are having a great meeting. Pray the whole city may be reached and won for our Lord Jesus Christ now. Then after the Seoul meeting is the campaign in country centers. All of this must have God's blessing. Not by might, nor by power but by My Spirit, saith the Lord of Zechariah 4:6. With love. Write soon. Remember me to Mrs. Alexander & Dr. [illegible] In His Service.

W. H. Forsythe

November 16, 1910

MOKPO, KOREA

MOKPO STATION

REV. AND MRS. ROBERT KNOX

REV, H. D. McCALLIE

PROR. W. A, VENABLE

Miss JULIA MARTIN

W. H. FORSYTHE, M.D.

SOUTHERN PRESBYTERIAN MISSION

IN KOREA.

TEL. & CABLE ADDRESS:

(SURNAME), MOKPO.

CABLE CODE : "FOREIGN MISSIONS."

Dear Dr. Alexander:

Just a short letter. We received an additional remittance from
Mr. Bull, which he said was from you. Please accept
   our thanks for all you are and have been doing for Korea, Please
read Isaiah 58th chapter, and Psalms 41:1-3. Matthw 25:16-41. We
are very busy now. The new house is a fine one, twostory stone
with good basement and attic, really almost too fine a house for
missionaries to live in according to some people, but we believe

that God will bless it anyway, wecthank Him for all His manifold mercies so richly given us although unworthy. "He hath not dealt with us after our sins, nor rewarded us according to our iniquities."

Can not begin to tell you the importance of the workers being on the field NOW. Please see if something can not be done towards getting them started before Christmas. Every day is aloss now. Events crowd so fast that we can not keep up with them on the feld.

Can you not personally visit the Seminaries if necessary and present the needs to the men so that they will respond now, and also to the men in the ministry also.

A special letter was prepard at the Annual Meeting setting forth the needs now. While I doubt the wisdom of making it so iron clqd as to say that we will not with the developement of the work need mor4workers, still if these workers are sent to the fiel now tha will be agreat advance an don somemeasure at least solve to meet the special responsibility which changing events make imperativ

Please lay aside any work you have on hand and give this your personal attention. Delay now is fatal to much that is vital in our work. God grant that it may be done NOW.

Yours in His Service,
Matthew 9:35-38; 18:19-20; 28:16-20:
W.H. Forsythe

January 5, 1912

Psalms 68:19; 107:8, 15,21,31; Zechariah 4:6-7

Dr. A. J. A. Alexander,

Woodburn House, Spring Station, Ky.,

Dear Dr. Alexander:

God be with you. Numbers 6:22-27.

Thanks be unto him for putting it into your heart to remember us. May He reward you for all your kindness. He has hlessed us richly.

God willing I hope yet to do something for the Chattanooga Convention, Pray for it. That the whole church be aroused to do the full duty NOW. And plan by all means to go, and see that the churches are represented. Have been keeping quiet for some days and believe I am better, for which I am grateful to our Heavenly Father. How much we have to be grateful for, every day and moment of our lives. Let us praise Him more and more and serve Him more faithfully all the time. Redeeming the time.

I must work the works of lim that sent Me, while it is day: the night cometh, when no man can work. John 9:4.

God help us to make these our words and life too.

A letter from Dr. Oh recently said he had gone to Mokpo, and spoke of the work. I suppose Dr. Harding is getting fixed up there.

God willing I hope to get to see Dr. Pritchett about Korea. What did Dr. Emerson Smith decide to do? Mr. Preston said he hoped to see him during the Christmas holidays, but I have not yet heard from him. yet.

Keep praying and working, Matthew 9:35-38; 18:19-20; 28:16-20; I Gorinthians 15:58. Mama and Jean send remembrance. They are both better. Praise Him.

Love to all, in your home, and to dr. Rout and friends in Versailles, when you see them. Come and see us.

Yours in His Service,
WH Forsythe.
148 East Broadway, Louisville, ky.,

March 14, 1912

Psalms 68:19; 107:8,15,21,31: Zechariah 4:6-7. Matthew 9:35-38.
Matthew 18:19-20; 28;16-20; ICorinthians 15:58; IIChronicles 15:7.

Dear Dr. Alexander:-

God be with you. Numbers 6:22-27.

God help us to keep praying and working. I Corinthians 15:58.

Was sorry not to see you yesterday. Had promised Dr. Lyons
to be at the prayer meeting last night. So had to hurry. Wrote
you a card on the train, but send a little more.

God grant you a great meeting and a great revival at home and
abroad to come out of it.

"Eight hundred missionaries, and a million dollars a year" NOW.
Why not? God help us to undertake it for his sake and the sake
of the people He loves and came to save, and in His name and
power.

There are some things on my heart to write for your consideration.

I. The China Famine. The Famine Relief Committee state that
this is one of the greatest famines of modern times and affects
thousands of square miles in area and a million in numbers, and
what is done must be done at once. Do what you can and get
the men at the Conferenc to take it up and let us try to do something
adequate for the needs.

A million dollars has been asked from America. Funds cabled

freeby State Department at Washington. Use all means, churches, Sunday School day schools, individual appeals, newspapers, every possible way. The Lexington Herald, said they would open columns for subscriptions, already had heard from one man who wanted to help. Dr. Rout said he wanted to help and I came by to see him. Miss Belle Hunter handed me an envelope, that day at Mrs Wallace's, just before you came for the Famine. Almost the last word she said to me was about that and she said she wished it was more and to acknowledge it to Mrs Wallace. Do what you can.

II. The securing the needed workers, eight hundred missionaries.

This is the greatest thing to be done. Prayer and effort must be made

A Church wide campaign in missionary sermons, say at least one or more sermons on each of the great fields assigned [illegible]

"Our Four Continents" followed by a campaign in Mission study. Missio Missionary Institutes in churches and colleges and schools, and Sunday Schools. Personal work.

III. The provision for the support af all missionaries and equipmentat once. Think you know of the effort of the United Presbyterian Church, to win twenty five thousand souls for our Lord Jesus Christ this year, and secure a million dollars for their foreign work, the month of March to be taken for this more or less simultaneous campaign in all their U.P. Churches, and also the effort of the Christians to raise a million dollars for their work.

IV. Laymen's Conferences all over the Church. One in every Synod a Presbytery, also a good live missionary programme at every meeting of the General Assembly, Synods, Presbyteries. In this way to keep the main issue continually before the whole church, as far as possible. Students and other Conferences and kept up.

V. The leper homes, industrial schools, and special needs of which we have talked. These are sorely needed now, emergency needs.

Lots more to say, but want to get this on the afternoon mail. Pray for us. Mamma and Jean are both better. Pray that God will guide me to do His will.

With much love,
Yours in His service,
W.H. Forsythe
148 East Broadway,
Louisville, Ky.

May 21, 1912

Psalms 68:19; 107: 8,21, 31. zech. 4:6-7. Matt. 9: 35-38; 18: 19-20. 28: 16-20. I Corinthians 15: 58; IIChron. 15:7. Psalms 41; I-3. Prov. 28:27. Matt. 25: 31-38. IJohn 3: 17-18.

Dear Dr. Alexander:- God be with you. Numbers.6 : 22-26.

Praise the Lord for your prayers, sympathy, and offer to help. How good he is to us, always. Not one good thing has He withholden. Ley us love and serve and worship Him more perfectly all the time.

Send you some additional facts in regard to the China Famine. The need seems to be very acute there now, and help is needed at least until August. See "Onward", the little Sunday School paper, May 16, article, S.O.S. "Save our souls, Save our souls". Do all you can and act as agent to interest others.

Here is an easy way to save life. Mr. Carnegie gives a medal to those who save life. The work is so organised, the Committee states, that practically all the 3,000,000 lives might be saved, if only the means are given at once. Let us save every life we can now for the sake of Him, who saved us, and who gave His life to save these people too.

You will be glad to know that I am resting at home now, and enjoying the time and improving, so that the Battle Creek trip does not seem neccessary just now, May our Heavenly Father bless you. We are grateful to Him for putting it into your heart to send me to Battle Creek for treatment, but I think I will soon be in good shape, by resting at home.

Sorry you can not be here to enjoy the Assembly. It is a great meeting. See the Programme, Pre-Assembly Missionary Conference. They have a great programme outlined for the coming year, in missionary education, in church, sunday-school, Synodical Institutes, Presbyterial visitation campaign, brotherhood, and mes men's clubs, young people's societies, three great laymen's conventions on the order of Chattanooga. One at Nashville, one at Kansas City and one somewhere in Texas. Let us pray and plan and work

You will be glad to know that I am resting at home now, and enjoying the time and improving, so that the Battle Creek trip does not seem neccessary just now, May our Heavenly Father bless you. We are grateful to Him for putting it into your heart to send me to Battle Creek for treatment, but I think I will soon be in good shape, by resting at home.

Sorry you can not be here to enjoy the Assembly. It is a great meeting. See the Programme, Pre-Assembly Missionary Conference. They have a great programme outlined for the coming year, in missionary education, in church, sunday-school, Synodical Institutes, Presbyterial visitation campaign, brotherhood, and mes men's clubs, young people's societies, three great laymen's conventions on the order of Chattanooga. One at Nashville, one at Kansas City and one somewhere in Texas. Let us pray and plan and work for such a meeting as this before every Assembly, Synod, and Presbytery in our church. Seriously undertake to carry out our Missionary

Platform, 800 missionaries and $1,000,000 at once. I Corinthians 16: 23-24 [illegible]

WH Forsythe

December 13, 1912

God be with you. Numbers 6:22-27

Not by might nor by power but by my Spirit said the Lord of hosts. Zech. 4:67

Dear Dr. Alexander:

Please see the Christian Observer, Dec. 11, Editorial page 4, on Interstate Liquor Traffic. Please do all you can to secure passage of the bill, which is on Senate Calendar for Dec. 16. Get any [illegible] in your district etc. possible and write to Senators and Congressmen also to any friends in other places enlist them in the effort.

May God grant the liquor traffic [exceedily] to be destroyed.

Yrs. In His Service,
W.H. Forsythe

Louisville, Ky

Y

April 23, 1913

God be with you.

Numbers 6:22-27

Not by might, nor by power but by My Spirit I am the Lord of the host. Zech 4:6-7.

Dear Dr. Alexander:

Did you see the call for April 27th as a day of prayer for China? Please get to [illegible] as possible in W. Lexington Pres. Church sure needs help. Pray too for passage & the Interstate [Opium] bill by Congress and for the International Suppression of opium. See effort to nullify China's move to prohibit opium as [there] is April Mission Review gets of world. "Five Factors in China. etc. Please pray and work that our church do full missionary duty in China now. It is awful [to think] of her needs and have inadequate [illegible] procession to meet them.

Luke 10:1-2; 11:1-13; 15:1-14; 24.

Hope you are better. Love to all. God's blessing.

Praise Him

W. H. Forsythe

May 10, 1913

God be with you.

Numbers 6:22-27.

Not by might, nor by power, but by My Spirit, saith the Lord of hosts.

Zechariah 4:6-7.

Dear Dr. Alexander: -

May God continue to bless and use you more and more for His glory and the extension of His Kingdom in all the earth.

Please pray and plan and work that the coming Assemblies will in the Providence of God be Missionary and Evangelistic in their whole constitution. Pray for the Holy Spirit to bless and guide in all that is done for a great world-wide revival of pure religion and undefiled James 1:27. Please urge that China be fully occupied now. If we fail to meet the marvellous opportunity in that land, think of the unspeakable loss it will be to China and to the whole world. Have you seen the reports of Dr. John R. Mott's Mission in Asia? There is an indescribable advance in all these lands. The awakening of the students of China should inspire the whole Christian world to immediate, and adequate occupation of the mission fields in that land. Please pray an work to have Dr. Mott given an hearing at the Assemblies. He has the greatest message yet, I believe. One that should take the precedence of almost any business that will come before these bodies, and therefore it could be well made a special order of the day or night, if it is possible to get him there. Please take it up with the proper ones in charge of the details of the Assemblies meetings.

Letter from Mr. Coit heartily in favour of the Agricultural Industrial School for Korean boys, received. He says it goes to the heart of the question. Br. B. G. Sager, a student at the Seminary here with his wife and little child are practically ready to go and take it up. He has had some agricultural work at home also an college in Nebraska. Mr. Coit says ill need about $5,000.00 to start and should have at least $10,000.00 later, for the land and equipment. Since the agitation of the Alien Act in California, would it not be the part of wisdom to get this land as soon as possible? Please pray it through.

If you go to the Assembly, please come by and see us, if God, will. There are saveral things would love to talk over with you as well as the pleasure of seeing you again. The visits in the past have been very brief and hurried.

Am enclosing copy in regard to the "Emergency Call for China: Why should it not be entered upon at once". This is an hurry call and with God's blessing believe it can be done and not in any way interfere with any other work in hand now, on the other hand it will help the other work. But you know how readily the special call for help in Korea was met. There are several China missionaries in America now and they can put up a plea for China that is almost irresistible.

Was at the Seminary Commencement the other night. Had hoped

possibly that you would come down and would get to see you. The Commencement was good but not a single one of the graduating class was a candidate for the Foreign Field. Five Seminaries this year show not a single missionary candidate. Is this not sad? What can be done to overcome it? Of what use are churches without preachers, schools without teachers, hospitals without doctors, nurses and helpers? Do we not need a good strong campaign in the homes, churches, Sunday Schools and schools colleges, universities, and Seminaries for missionaries? Please urge such a campaign in our Church.

There is a terrible increase in error being taught now and we do need a campaign to counteract it. See the folder enclosed, a sample of a wide spread movement, Millenial Dawnism or Russellism. These little papers are thrown in the yards of the homes broadcast. Now is it not possible to have a great nation wide revival of the true teaching of God's Word in all the land? Shall not something like the Bible Conferences Of Korea, only adapted to meet the conditions in America, be carried out, together with a united Evangelistic campaign to preach the pure Gospel, John 3:16-36; Roman Io:8-17; Acts 16: 31; John 1,II,III, Revelation 21;22?

Possibly this could be done through the Layren's Movement. do what you can for the sake of our Saviour and the souls He loves that are being led astray.

God is blessing us. Praise Him Psalms67.

Yours in His Service,

WH Forsythe

1335 South First Street

Louisville, Ky.

July 11, 1913

Dear Dr. Alexander: -

How are you all? Have not heard for along time. Hope you are well again. Was not the news of the death of Mr. and Mrs. Coit's two children sad? See Dr. Oh's letter. He is a fine man. Pray for him. Write him if you have not done do recently. He loves you. Pray for the Sunday School work a Sunday School for all, and all at Sunday School. Mr. Swinehart has done fine work in the Sunday School organization. If he goes into the regular Sunday School work, that will leave a need for another business man. Do you think Mr. and Mrs. Prewitt Payne would consider the call? Please talk it over with them when you see them next. Mr. Sager writes that he is at his father's home in Nebraska, and is still in the way of going to take up the agricultural and industrial work. Dr. Wilson's brother too is to go out this fall, if God will, I believe. Mr. Cameron Johnson wrote that he had most of his salary and expenses provided for. Have not heard from him for some time though. Had a good letter from Mr. W. T. Ellis. He sokwrite of seeing you at the General Assemblies.

Will you be at Montreat this yeaa? Try to get a good representation from West Lexington.

God is blessing us more and more. Praise Him. Psalms 67;100; 107; 148-150.

Love to all.

Yours in His Service,

W. H. forsythe

1335 South First Street,

Louisville, Ky.,

November 19, 1913

God be with you.

Numbers 6:22-27

Not by might, nor by power, but by My Spirit,

Dear Dr. Alexander:-

May God be with you more and more and send health and strength to your loved ones. It was fine to get a glimpse of you the other day. Only our visits are so sheat. Sometimes maybe we can get together for unhurried converse. Have not senm(?) the Training School ladies yet. Tried to find there on the phone today. But feel assured that Miss Grace Wiley will have good company from here to Kansas City and return(?) So please if the Lord will, make arrangements(?) for her to go. Get [illegible]tials from the Volunteer Movement in New York. Write Mr. Turner at once as the time is short. Also get all arrangements for entertainment and so on in Kansas City. Please do what you can to get all the colleges represented. This is a great event in a college life and should not be lost. We who have benefitted by attendance at a volunteer Convention should pass the blessing on.

We are in a campaign to raise the debt[illegible] the church here. See enclosure. It is practically assured. Yesterday a liberal response was [illegible]. [illegible] final [illegible], if the Lord will are to be brought in. Praise Him for all His goodness. Psalms 110:1-3;

115:1.

Also trying to do something(?) for the Jews. Genesis 12:1-3; 22: Psalms 122; Isaiah 62:5-6; Romans 10; 11: If the Lord will, please help us to do something for them. He will blesit. See card.

Please see if a goodrousing campaign cannot be carried out for the Lymen's Meetings in Kentucky. We do ned it here. Maybe Mr. Rowland could stirrup something. Then too don't let the Million campaign go by default. Saw that the Christian Convention in Toronto, had authorized Mr. Cory to go cut for two millions for their missionary work, "Men and(?) Millions Movement." With(?) a thousand now workers. Let us do likewise(?). Love to all something(?) Yours in His Service,

WH Forsythe,

1337 8. First Street,

Nuke 10:1-3:11:1-13:18:1-14:24 A

December 17, 1913

Ephesians 6.

Dear Dr. Alexander:

May God be with you all and give health and strength for all. Please pray and work that the great handicap on our missionary work may be lifted. Surely now at the time when a great forward movement all along the line is needed, we must not fail to support the great work of reinforcing and equipping our desperately needy fields. Please do all you can to get it under way now. At Montreat it was publicly stated at the Missionary Conference a that some forty-one volunteers were waiting to be sent out. Possibly more now. You know the awful needs on the fields. China, Japan, Africa, South America pleading for a few workers to enable them to hold the fort. The church at home abundantly able to support the campaign. What is lacking. Please pray it through. It must not fail.

If the Lord will, please plan to attend the Volunteer Convention in Kansas City with Mrs. Alexander. As you know there is no convention like a Student Volunteer Convention. Let nothing prevent you both, attending this one. They are praying and planning to make it the greatest meeting of students ever held. Please do your part to make it so by being present throughout the sessions.

God is blessing us. Praise Him more and more. Psalms 67-150.

Mr. and Mrs Kagin of Chungju, Korea passed through to-day

en route to Mammoth Cave. She was Miss Johnstone of Songdo, a Searritt Institute(Kansas City) girl. He was from Frankfort. Did you know him? He is the man Dr. Marquess asked at the Seminary here to prepare a paper on Why More Men Did Not Volunteer for The Foreign Field, He made the strongets appeal for the home field he could, but his own paper put him on the foreign field, because he knew it was fallacious!

What about Miss Grace Wiley? If she desires to go with the Louisville party let me Know soon.

Yours in His Service with love to all.

W. H. Forsythe

1337 South First Street,

Louisville, Ky.,

December 31, 1914

Psalms 86:9; Matthew 24:14; Mark 13:10; Revelation 7;21;22.
Dr. A. J. A. Alexander,

Spring Station Ky. Dear Dr. Alexander:

May God grant you a blessed New Year and the best year yet in His Service. Surely the times are urging us on to finish the work our Saviour left for us to do. Matthew 9:35-38;18:19-20; 19:27-31;25:31-46:28; Acts 1:8.

Was sorry to hear of your being sick. We missed your not getting down to see Dr. Avison. Hope you are better now.

Dr. Avison has a fine plan for the Union Medical College in Seoul. Mr. Severance's children have been very liberal in giving them a good plan and in supporting it to the extent of several thousand dollars annually. He wants our mission to give two medical men, and a trained nurse as our share. It looks as if this is only right if they furnish a fine plant which cost us nothing we should at least support our share of the teaching force, especially as we get the benefit in our territory of the men trained there. He said he would write you fully about it . So you may have already heard from him ere(?) this.

If he could come to the Laymen's Missionary Conventions and tell the story of the Severance Hospital. Its inception in united prevailing prayer and God's wonderful answer, I believe it would add much to the meeting and also that the whole matter of the added expense several hundred dollars could be underwritten there Dr. Avison was favourable toward coming but said of course it would have to be acted on by their Board. Please (D. V.) do whatever is best in the matter. An invitation to him to attend would probably be acted on at once.

God has been good to us. We have had a happy Christmas, and hope you have too.

With best wishes, and prayers for God's blessing, with love to all,

Yours in Him, Acts 17 16334 W. H. Forsythe

1337 South First Street, Louisville, Ky. 12/31/14.

[Date unknown] 1914

Ephesians 3:14–21.

Dr. A. J. A. Alexander,
Spring Station, Ky.

Dear Dr. Alexander:

May the Lord be with you in these days of unprecedented needs and opportunities on earth, to serve Him.

Please urge that a full attendance of students be secured at the Laymen's Conventions in February. In a letter received some time ago from Mr. J. Campbell White, he said in substance that he was convinced that it was a good thing to have students attend the Laymen's meetings and laymen attend the student's conventions. This is in line with Mr. Pepper's dictum, that the best kind of tact is contact.

It would be fine if all the Seminaries could do this time as Louisville Seminary did last time, attend in a body, with the exception of three or four I believe.

Then do you not think some place should be given this time to the needs of medical missions, the leper work and kindred subjects? Mr. Newlands writes that the leper work is a splendid apologetic for the Gospel. As the Koreans see this work they realize that there must be something in a religion which will do that for the poor outcast lepers. So it is worth while even from the evangelistic standpoint.

Then another great field of service that should more and more have its place in the new order of things is the Sunday School for heathen children. I believe if this is pushed as it should be in the next few years there will be millions of conversions instead of thousands now. It is the great future of the church, I believe, and we should give some consideration to the best way to extend it on the mission field. Please do what you can in these matters, as God leads.

Psalms 67;100;103;

Love to all. God is blessing us. Praise Him more and more.

1337 S. 1st St., Louisville, Ky.

Yours in His Service, W. H. Forsythe

[illegible] 10:1-3

January 15, 1915

Not by might, nor by power, but by My Spirit, saith the Lord of hosts.

Zechariah 4:6-7.

Dr. A. J. A. Alexander,
Spring Station, Ky.

Dear Dr. Alexander:

May God be with you and send health and strength and all needed blessings.

Your inclosure of Mr. Rowland's letter received. I have written him to apply to Dr. Avison's expense account the amount that would have been spent on mine. Dr. Avison is the man. He has a splendid record and, the needs of the Medical work in Korea now are pressing. Unless some especial effort like this is made, with all the other needs so urgent now it will probably be a long time before our share can be provided. The Severances have given a liberal endowment, and several thousand dollars a year to run the plant beside. The Presbyterain U. S. A. are providing for several medical men, the Methodist are too, I believe and we are only giving part of the time of Dr. Oh. He is a splendid man, but we ought to do more than that especially as we get the men trained in the Medical College back into our own territory if we want them to care for our own Koreans. The need of a Christian Medical College in Korea is emphasized by the lesson learned in Japan by turning Medical Education over to non-Christian sources. Shall we do the same, by refusing to support a Christian College when we have the opportunity?

It sems Providential that Dr. Avison has been brought to America and is available for our Conventions although greatly needed in their own wotk in Korea as he said. They have given him a month's extension of his furlough and let us take advantage of it, even though the time is not as long as it might have been had earlier notice been given?

Mr. Coit forwarded a letter from Mr. Swinehart concerning a Dr. Lafferty in Charlotte who might be available for the Severance Hospital. This is another reason for Dr. Avison's coming. He might find some volunteers as well as support. Please pray it through to victory.

How are you. Hope you are better. Come and see us when you can The Lord is blessing us. Praise Him. Psalms 67;72;100;150.

1337 S. 1st st., Louisville, Ky., 1/15/15.

Yours in His Service,
Wylie H. Forsythe

February 11, 1915

I Cor. 15:57-58.

Dear Dr. Alexander,

II Timothy 4:22.

May God grant His blessing upon the [conventions] in every detail 115.1.

Pray for every church possible to take advantage of it. every member.

Stir up W. Lexington Presbytery and full representation.

Special [coach] for Ky. delegates.

Will you be at Dallas?

Hope so. How are you all. Let us hear from you.

Come and see us when you can.

Yrs in Christ,

W. H. Forsythe

1337 1st St. Louisville

(postcard)

April 8, 1915

[illegible_?] another ange) [illegible] in the midst of heaven, having the everlasting Gospel to [illegible]reach unto them that dwell on the earth, and to every nation, [illegible] kindred, and tongue, and people. Revelation 14:6.

Dr. A. J. A. Alexander.

Spring station, ky.

Dear Friend:-

I often wonder how you are, and where you are and what you are doing. Please let us hear from you.

Rev. and Mrs. Robert T. Coit and wife and little boy have been with us for a day or two. They left last night for st. Louis, K. C., possibly St. Joseph, Mo., and on to catch their steamer, the Korea, sailing (D. V.) April 17th. I thought you might want to send them a steamer letter. They are fine, consecrated workers. God has richly blessed their life in Korea. Please take the time to read of the corribel needs of agricultural and industrial education in India, in the Missionary Review of the World for April, by Rev. Sam Higginootham, "The Gospel of the Plow In India," This is what we must have in Korea, Mr. Coit says. Please do what you can to help it along. We need a farm there now. Land has gone down about half the price it was a year ago, and now is the time to buy, for it is liable to go back where it was a year ago, he says. Boys can the work their way through school while learning how to save Korea from suffering and save the church by increasing the productivity of the land under the cultivation of the Korean Christians. Please pray it through. Also for the right ones to take hold of it.

Let us pray and work and do all possible to save the cause now from suffering. It must not be allowed to suffer. The only way to go is Forward. Please get a supplementary canvass ordered to make up any possible deficit. Hastily, Yours in Christ,

[illegible_2] W.H.Forsythe

1337 South First Street,

Louisville, Ky. April 8.1915.

Luke 10:1-2; Acts 1:8.

P.S. Please do all you can to stir up more interest in the Go-to-Sunday-School-Day in Ky. And also in the campaign to make Ky. "dry." Urge that the right men be sent to the Legislature and [illegible_?]

June 12, 1915

Dr. A.J.A. Alexander,
Spring Station, Ky.

Dear Dr. Alexander:

May God be with you in these day of terrible need on earth. What news do you have from the mission fields? A letter from Mrs. Logan said, when the new Doctor at their station went to Seoul to take his examination to practice medicine he found that he must take it in either Korean or Japanese: Being a new man he could do neither. Is it not possible through the proper authorities to get these restrictions on the medical work removed? Korea today needs thousand of qualified physicians and many nurses to deal with the terrible conditions among her millions of people. The medical schools are doing fine work but it will be many years before they can turn out enough qualified native workers. In the meantime, it would seem for the sake of humanity, they ought to use every facility and inducement to secure medical workers without the burden of such restrictions. If these matters are pressed through proper channels a reasonable attitude ought to prevail, it would seem.

Please do all you can to help get the volunteers out to Africa. See Mr. Bedinger's appeal in last week's Christian Observer, for travel expense for eight volunteers. It looks like if these splendid workers are willing to invest their lives in Africa, leaving all at the command of our Saviour, it ought not be difficult to secure the small sum needed to get them out. Please do all you can to stir up your Presbytery to help them. Prov. 19:17.

Am sending you a draft of proposed International Health Commission. If the Lord will, please pray for its adoption at the coming meeting of the American Medical Association in SanFrancisco.

Why don't you come to see us any more? The Lord is blessing us. With best wishes for Mrs. Alexander, yourself, and all friends,

Yours in his service,

W. H. Forsythe [illegible] 5.

[illegible] 10:1-2; [illegible] 1:1-14

Louisville, Ky.

1337 First St.

December 14, 1916

Daniel 12:3; John 1:21; 3:16.26; 21,

Dr. A.J.A. Alexander
Spring Station, Ky
Woodburn Farm

Dear Dr. Alexander:

Your visit was surely a great blessing. I have wanted to see you for a long time but I know you are very busy in so many good causes that you have little time to come so far out to see us. Your visits are consequently appreciated the more. I cannot tell you how much your friendship is valued and we can never repay your many kindnesses. Many the Lord reward you much.

A good letter from Rev. W.M. Clark of Chunju Station now on furlough said he was to be in [Millenobury] & Carlisle next Sunday. Possibly you could get him to come to Versailles if he has an open Sunday. He said they must have some doctors for Korea. With Dr. Timmons sick & Dr. Daniel's & Dr. Patterson's furlough due next year. The need is surely urgent. Cr. Chester says [more] doctor is need for China too now. Let us pray now for all to be supplied. "Nothing doubting"

Love to yourself & all your family,

Your in His Service,

W. H. Forsyth

Louisville,

1337 [illegible]

January 21, 1917
Lexington, Ky

Dear Dr. Alexander:

I did enjoy my little visit with you all very much & appreciate your friendship very greatly. You have a host of warm friends in Korea and what you are doing for the people is greatly appreciated. Our Savior said "In as much as ye have done it unto one of the least of these my brethren ye have done it unto me."

His command alone is worth the whole world & work. Hope Mr. [Bogie] will come & [prove] just the one you need.

I send you some petitions. They need quick action. Get the church at Versailles & Midway & other points to act on them Sunday if possible. In the meantime get as many [illegible] by personal solicitation as possible.

Now is the time to strike & strike hard. Mr. Mott said at North field that a saying of Napoleon was "The time to bring up the cavalry is when the enemy is over!! The enemy begun to waver. Let's [illegible] home the blow that will destroy the [illegible] & sale of liquor in Kentucky ; It can be done with God's power.

Rev. Chester L, Callin, Room 33. Keep on building Louisville, Ky will send you more petitions if needed. They should be in hands by Tuesday 7th. They will be put in the hand of your [illegible_2]

Get as many to come on it as possible. If you will write Mr. Collins, he will send other petitions to any you may nae as willing to help in this canvas. Do what you can. Hope you have not forgotten the picture of the baby & the one you mentioned.

He is certainly a fine boy - if you haven't already [forward] it out!

With kindest regards to all, I am

Yours in His service,

W. H. Forsythe

August 7, 1917

Daniel 12:3; Isaiah 40;41;55;58;6061; John; Revelation.

Dr. A. J. A. Alexander,

Spring Station, Ky.

Dear Dr. Alexander:-

Praise God for the glorious victory at the election Saturday. Proverbs 14:34; 20:1; 23:29-35; 29:2; Psalms 150.

It looks as though Kentucky is surely going dry. May that glad day soon come. It is difficult to picture what that would mean, especially in this place, Lexington and the other liquor strongholds. But the day of deliverance surely draws near.

Praise the Giver of every good and perfect gift for the gain in prohibition at Washington. Can you not do something to haster action by the House on the Sheppard bill for national prohibition by amendment? What legislation can be of more real importance than the prohibition measures at this time? Would that the President could be brought to use at once the power proposed to be lodged in him to stop the making of beer and wine at once. Why wait until the harm is done? It is said that Great Britain now could have enough grain to feed millions of her citizens had she not worse than wasted it in making beer and other alcoholic poisons to incapacitate her worken and others.

Shall we not learn a lesson from this great crime against the light? Surely the president will grant a petition forwarded from the Christian people of the land. Will not The Forward League inaugurate such a movement to liberate the nation from the remaining liquor curse under whatever name prolonged?

Are you going to Montreat this year? What has become of the campaign to fully occupy and equip our mission fields? May God grant this will not fail now. In the world's great need may we not be found lacking. America must not fail in this the greatest of all enterprises, - the evangelization of the world in this generation, Matthew 25; 28; Acts 1; 11 Revelation.

With best wishes. Sincerely Yours in His Service,

W.H.Forsythe.

1422 S. 1st St.,

Louisville, Ky.,

February 2, 1918

Ephesians 2;3; Romans 8;10;12; Philippians 4; Revelation.

Dr. A. J. A. Alexander, Chairman,
The Democratic Forward League,
Spring Station, Ky.

Dear Dr. Alexander:-

Praise the Lord for the splendid progress of Kentucky toward prohibition at home, and for the action ratifying the constitutional prohibition amendment for the nation. Now for a united nation-wide campaign to secure the necessary number of ratifications in 1918. Why wait seven years, or three years, or one year if it can be accomplished earlier? Every day that the liquor traffic is permitted to exist irreparable damage is being done. Did you read of the sad death in this city of the doctor from Texas, who had been discharged from the U. S. Navy for drunkenness, and what he said in his last letter about drink, "Oh, that demon, whiskey, that takes all and gives absolutely nothing but misery, suffering and sorrow in return. It has robbed us of everything in life worth while?" This was in a letter to his wife.

Meanwhile the President and Congress are deaf to the overwhelming demands of an aroused American people, seeking with the earnestness of conviction for immediate war-prohibition. To whose appeals the only answer has been that the Tanmany members of the Democratic party would not stand for it. Do you think this plea will get many votes at the next election? Can you not separate the Democratic party at Washington from liquor domination as it is being done in Kentucky? Publicity is a mighty weapon in this warfare, as well as prayer and personal efforts. Please see if something can not be done before it is too late. A recent publication from Washington ridiculed the President's order reducing the alcoholic contents of beer to less than 3%, in the face of the oncoming temperance armies, when with the same effort he could have stopped the whole beer and wine loss. It would seem that the leaders of the party would realize that now is no time for half-way measures in dealing with the greatest of all our enemies- alcohol.

-2-

A recent cable states that even Germany has stopped the making of beer in order to save the grain loss. Shall we not take warning and act now? The grain loss of co[illegible] is nothing compared to the havoc wrought by the finished article of the "booze" factories and sent out to destroy without mercy all within its reach.

Then there is the continued demand for joint war-prohibition by all the allies. It is no longer a question of separate action. England and France are morally bound to save this loss as long as we furnish men and money and food. But we can not and should not pay for their liquor bills.

Make the pressure so strong that action must be taken at once.

We have read your recent article in The Evening Post. Keep up the good work. Educate the people upon the actual condition in America and Europe. For a drunken soldier or sailor now can almost wreck a whole campaign. And a drunken citizen can also bring incalculable woe. And the moderate drinker as a clas is worse than both.

Hord, how long shall the wicked, how long shall the wicked triumph? Psalms 94:3. Psalms 37; Proverbs 14:34; 20:1; 23:29-35; 29:2; 31: 8.9.

How are you all? Let us hear from you when you have the time. Come to see us when in the city.

The Lord is good to us. We have many blessings. To Him be all the praise. Psalms 115:1. Psalms 100; 103; 148; 150.

To-day is my mother's birth-day. She is stronger than she was. We are very grateful to God for this. I Thessalonians 5.

With best wishes to you and Mrs. Alexander and all our good friends.

May God bless the campaign to advance the causes of the church. The work must not suffer. See cartoon in the last Sunday School Times of two thousand abandoned mission stations due to the war. Do not let our work come to this. Pray for a united effort to restore all and go for ward- a united, thorough, sustained effort by all the missionary agencies

Yours in His service, W. H. Forsythe

Matt.9:35-38; 25;28; Acts 1;11

1422 S. 1st St. Louisville, ky.

Letters from others to Dr. Forsythe's family

April 30, 1894

Mr. W. H. Forsythe will be graduated from Westminster College at the end of this Term with the Degree of Bachelor of Science. Besides the work necessary for this Degree, he has done a considerable amount of extra work, which will enhance his power as a teacher.

Mr. Forsythe is a man of fine ability, a good student, earnest, and faithful; a thorough gentleman in deportment and manners, and reliable in every respect.

He has had some experience in teaching private classes, and gave satisfaction.

E. C. Gordon
Pres. Westminster College.

We fully concur in the above.
E. H. Marquess, Prof. Latin
Daniel S. Gage, Prof. of Geek.
John N. Lyle.Prof. of [illegible]at Sei.
John H. Scott, Prof. of Math.
[illegible_three or four lines]

October 5, 1904

Seoul

[No 527 C. G.]
[CONSULAR SERVICE, U. S. A.]

Dr. W. H. Forsythe,
Kunsan, Korea.

Dear Sir:-

Enclosed I hand you your U. S. Passport, and Korean Passport.
Will you be good enough to sign the former where it says "Signature
of Bearer".

Yours very truly,
[illegible_2]

March 15, 1905

Kunsan, Korea

Dr. T. H. Daniel to Mrs. Forsythe
Mrs. Adelia Forsythe.
Osceola, Iowa.

My dear Mrs. Forsythe:

I am very sorry that have to write you that on the night of March 13th, your son Dr. W. H. Forsythe was attacked and seriously wounded by robbers and is now in a most critical condition. The circumstances in detail are as follows: On Saturday, March 11th, about noon, a man came to Chunju and asked the doctor to go 15 miles out in the country to see his brother who had been severely wounded. Dr. Forsythe did not wait except to take a lunch and his emergency bag, but jumped on a donkey and started at once. He reached the place, which is about half way between here and Chunju, in the evening and spent the night there. On Sunday he attended church at Songidong, a village about half a mile away, but returned to Mankol, where the wounded man was, at dusk Sunday afternoon. He and some Koreans slept in one room. About 4 A.M., a band of seven mensuddenly broke in and demanded the "soldier". The Koreans as well as Dr. Forsythe, protested that he was not a soldier but they would not listen and began beating him over the head. Some of the Koreans tried to shield him but were beaten off. The thieves then dragged the doctor out on the porch and tried to finish the dastardly work they had started. As soon as the Koreans could collect themselves they dispatched messages to Chunju and Kunsan and word was received at both places about 1 P.M. Mr. Harrison and I started at once and reached the place about 4:30 P.M. We found the doctor extremely weak from loss of blood and from shock: he was only semiconscious. The loss of blood was very great and had been stopped by a Korean doctor who used cotton and cobwebs. The Koreans had given him goats milk.

We were told that another attack was planned for that night and so after dressing the wounds we moved him on a stretcher to the church at Songidong. Mr. Junkin arrived just as we started. The trip seemed not to hurt him at all and he passed a fairly quiet night and by morning was considerably strengthened by the stimulation given during the night. He took but little nourishment. We left Songidong about 9 A.M. for Kunsan and reached here at 2 P.M.. He stood the trip splendidly and was rational enough to speak of its being so good to be in a bed. Ever since we got here he has taken nourishment regularly and rests comfortably. Although this morning he seems stronger it is impossible to say what the outcome may be. His condition is critical but not hopeless. In case the worst comes, we will send a cable to the Executive Committee at Nsahville who will wire you. In the meantime I will write (daily?). Of course, if no cable reaches you before this letter you may feel most hopeful as by that time he would be out of danger.

Everything possible is being done to catch the assailants. The American Minister was notified and took prompt action. Soldiers from Chunju, and Japanese and Korean police from Kunsan were in the hunt by day light yesterday morning. We have offered a reward for the capture of any of the thieves. No motive can be assigned other than that they thought, seeing him on the road in the dark, that he was a soldier sent to guard the house and they knew they were numerically strong enough to overpower him.

Words cannot express our sorrow and grief and our hearts go out in deepest sympathy for you while our prayers are constant that God may see fit to spare him. You may rest assured that we are doing everything in our power to make him comfortable, and restore him. Mrs. Daniel sends her love and warmest sympathy to you both.

Very sincerely yours,
Thomas H. Daniel

March 17, 1905
Kunsan, Korea

Rev. Wm. M. Junkin to Mrs. Forsythe
Please advise Dr. at Kunsan until notified otherwise

Dr. had toast & goat's milk & oranges for dinner today.
(If no cable has come to you, you may be sure all danger is over.)

Mrs. Adelia Forsythe,
Osceola, Iowa.,

My dear Mrs. Forsythe & Miss Forsythe:

As I am now writing for your very dear son I shall address you both. The Junkins feel like we know you & have begun to love you in advance - especially since Dr. has finally decided to make Chunju his & your home. He has already won a big place in the hearts of many, very many of the natives, and among many who send to inquire after his health is the Governor of the province. Be sure that he is surrounded by loving friends who are doing all we possibly can for him, loving him most devotedly. Mrs. Daniel, Dr. Daniel, Mr. Earl, Mr. Harrison, Mr. Bull, Mr. McCutchen are all around him & others would be helping only they have been told that they are not needed.

First let me give you his message & then tell you a little more particularly how the trouble happened. He says. "Tell Mamma that I am getting well & feel so much better today." He has just read two of your letters, one enclosing one from Miss Eugenia, and also wanted to hear the newspaper clippings. Dr. Daniel is more and more encouraged & said a few minutes ago that he never saw a wound heal so beautifully. It seems perfectly clean & free from infection & Dr. is well enough now to be consulted. For example, he wanted a little ointment on a little place that felt not so comfortable. We are in good hope today & certainly everything to date has been working as well as we could have wished. He has us read the Bible with him & pray often and is in such good spirits & perfect physical health as well that he is a model patient.

Dr. Daniel wrote you most of the particulars, but possibly not all the details which his mother would wish to know. It was Saturday noon (March 11) that a gentleman of high standing - and a patient of Drs. on two occasions - called on me. I was preaching Christ as better than riches to him when a messenger rushed in and said that Mr. Yi's brother was wounded by robbers the night before. Mr. Yi at once started home & on the way told Dr., who, without coming up but just sending for a hasty lunch & one to carry with him, rode right off with Mr. Yi. Saturday night he treated the wound, & on Sunday he went to one of my old churches (Songidong) ½ mile distant, and returned at dusk. The robbers saw & took him for a Korean soldier as all soldiers wear dark clothes. The cowards rushed into the room at 4 A.M. and when he awoke, one had a gun aimed at him which he promptly broke, but having no weapon, the seven armed men were too many to handle. He told them he was no soldier but they would not listen. We rode furiously & got there as soon as possible. I carried out a shot gun & had fully resolved to die over his body if they returned (as they had threatened). But I also sent word at once to the Governor & soldiers were on the ground nearly as soon as we (3 hours later), & later Japanese & Korean police took up the search, while we brought Dr. here on a comfortable cot. We offered #700 for their capture which is a big reward to police, who only get 6.00 per month - near 10 years wages for one.

Since coming here, the old gentleman who was beaten by them, has sent Dr. word that from henceforth he has determined to worship the Drs. God. They send over and telegraph after his health. I feel sure that this baptism of fire will be followed by the great blessing for which Dr. & I have been earnestly pleading for the past months. So far, the gentleman class in our city has been unreachable it seemed, but the Gospel wedge has now entered. We sometimes speak of ugly scars - but there are also scars that are beautiful before God's holy angels and men. Paul had some of them, your honored son also bears in his body the mark of the Lord Jesus. These marks will speak more eloquently of the love of God than <u>ten thousand sermons</u>. Ah, it will bel like the dear Lord just holding up one of His peirced hands before the face of the Father! I fully expect to see the windows of heaven opened & the showers of blessing God's answer why! It has ever been so. The devil made a greater blunder than when he killed the Lord. Instead of the <u>end</u>, it was the beginning of the kingdom of heaven. So it must be here. The Korean church is united in earnest prayer of Dr. & they too will get a blessing. Oh, he is such a dear lovely & loving Christian & it has been so sweet to have him in our home & our boys with him. His devotion to his mother & sister is striking and beautiful & it is always himself he thinks of as lost. "He that hath forsaken sister - mother - for My sake, shall receive an hundred fold." Although officially the youngest member of our Mission, it is a fact that he is already the most generally beloved by all. Who could help love him! If you could have seen how tenderly he ministers to the poor naked dirty little orphans found on the street - as He sees it - I'm sure you'd be glad to give him to Jesus in Korea. The day he left Chunju, we together a home for them, and one of the first things he wanted to know was whether the little beggar (very ill in the hospital) had his medicine. He had just ministered to a sick homeless girl who lived just long enough to say, "I believe and love Jesus."

We are looking forward to your coming with much interest & you may be sure that living for Jesus in Korea is not lonely nor dismal, but full of joy and peace & blessing. We expect you to adopt us as younger (& less-beloved) sons & have already adopted you as one of our new mothers and sisters. You know Christ (Xt.) promised us a hundred - the number is already beyond it.

Truly your friend,
Wm. Junkin

March 18, 1905

Kunsan, Korea

Dear Mother,

Just a line this morning to let you know that Forsythe is improving daily and while I do not consider him out of danger yet, the outlook is much more hopeful and today I am much encouraged.

Mrs. Bull is not yet downstairs and Bull has been sick, so we have a houseful - Junkin & McCutchen from Chunju in addition to Earle and Harrison. We are well though and Sadie is kept busy feeding the crowd. She will probably write tomorrow.

Your letter of Feb. 15th came two days ago and was fine.

Lovingly,

Tom

April 1, 1905

Kwangju, Korea

Dr. W. H. Forsythe

Kunsan, Korea

Dear Doctor Forsythe:

It would not be easy to express all that I have felt and asked for you in these days of trial. Before a recent visit to Mokpo I learned of how you had suffered. I set out on my trip just the day before you did and never once thought of such danger as you encountered.

After hearing the sad news it seemed as if I could scarcely think of anything else. How much you must have suffered! Recently I had the pain (not pleasure) of inserting a biotouny(?) into a boil under my left shoulder. When the stinging pain began I thought of how you must have suffered. Every report of favorable progress has cheered our hearts and we are glad to learn that you are a good patient as well as a good doctor. Those poor fellows must have done a clumsy job while apparently seeking to perform a mastoid operation on you. I am thankful that the murderous hands were not allowed to go further.

I wonder if it all seems like a nightmare to you? Doubtless it is best to forget this gloomy picture which has overshadowed us all. We cannot understand why this visitation was permitted yet we feel assured that there is some lesson to be learned and your suffering will no doubt tell for the coming of the Kingdom.

I do not know what progress you have made but hope that you are doing nicely and gaining good strength every day and hour. In your hours of weakness may you find that Jesus is your strength and stay, and while you are shut in with Him, may you taste as never before the sweetness of His love. Under His wings of love and omnipotence may you find refuge and healing and rest.

Hoping that we may have you in these parts before many days have rolled away, I am

Your

C. C. Owen

April 3, 1905

Chunju, Korea

My. dear Mrs. Forsythe:-

It has been 3 weeks since I received your much appreciated letter, which I sent over by Mr. McCutchen to be read to your son in Kunsan.

How well you realize his love for his work & his desire for the salvation of souls. You would have been touched as I was by the interest & concern manifested by the Koreans in Dr's improvement. The women came to me in two different groups at different times and said we came to hear how our beloved Dr. is & to pray for his recovery. I knew that the Father who gave them the desire for prayer was also preparing to answer that prayer. Every day & many times a day came those to ask after him.

My brother returned from a visit to Dr. day before yesterday & reported him doing famously. They do appreciate what Dr. is doing for them in his divine gift of healing as was shown by the wife of the man Dr. had gone out to see, receiving on her own body the blows intended for your son. Don't you love her tho' you have never seen her? We all do.

You will not worry but count Dr's recovery among your many blessings, for he will be quite recovered before you get this letter.. We miss his cheery presence more than we can say, & if the Koreans find out the date of his return to us there will be quite an ovation. We are so glad for him to be with Dr. & Mrs. Daniel tho' we wish there was something we could do for his comfort or cheer.

I wrote to Dr. Daniel to keep him until Dr. Forsythe was quite strong for Dr. Forsythe has never learned to say "no" when there is a call for him & lets the Koreans impose upon him to most any extent. I have remonstrated & scolded but he, as I told him afterward, would get such an injured expression on that I would be almost compelled to apologize.

When the Koreans heard that your son was liable to go to Kunsan they planned to make trouble for us for permitting it, & when they were told that he had decided to stay in Chunju, they were content.

When Mr. Junkin, who had been with Dr. F. from the first, started home, Dr. called him to his side & told him that if at any time he heard of any of the robbers being arrested & brought into Chunju, that he wanted Mr. Junkin to go in to see them & tell them for him that he forgave them & hoped they would trust in Jesus & be saved, & so was Christ Glorified, for the heathen say I want to learn more of a doctrine that makes a man like that.

Gods ways all are right ways & we are sure He has wonderful plans for us here in the South. I have written so much of Dr. because I knew how everything regarding my dear brother was so precious to her, our Mother, & I wanted to write before Drs return, because then I may have to begin scolding him again to make him conserve his resources in strength, etc.

Now I have something to tell you about my brother which will be of interest I "spec". You know & maybe you do not that he and I have had one home since we landed in this queer world, he being away only a short period at a time accepting while at the Anniversary(?) in Chicago. In August or September next I am to hand him over into the keeping of better hands as he is to be married to Dr. Ingold at that time.

Miss Mattie Tate to Mrs. Forsythe

Monday 1905

Chunju, Korea

My dear Dr.

Yesterday rain and small turn out at Church, but 리진수 came and put 200 yang in collectiln, much to discomfiture of Deacon Im. He said it was a thank offering to God for answered prayer. So many pray for and ask after you - you are decidedly "it"!

I plowed your garden Saturday. Did you order potatoes? If not, send up one for two bags of 100 lbs each (200 lbs) & I'll get the ground ready and plant on arrival. Sorry I haven't them to plant for you.

The little fellow in hospital seemed really to understand & to accept Christ. We are putting roof on orphanage. Still haggling over price of church lot. 리진수 will help us build the church.

Tell Dr. Daniel that I dreamed all night of milking a cow for him, so shall go to market today & try again.

I mailed two letters found on your table, one of them was stamped.

Bless your dear good heart, how we do long & pray for your speedy recovery. Mrs. Junkin is in much better health since her doctor left. Or was it getting rid of her husband that produced the good effect? She wrote a long cheerful letter to your mother Saturday.

All my things are planted & yesterday rain was a command to grow.

Do you want your papers forwarded?

With a long strong grip,

Yours,

Junkin

P.S. Please get someone to ask Bull to send me at earliest convenience Preston's questions for Examination. Mrs. P. wants to take hers.

W. M. J.

All send much love.

Concerning Dr. Forsythe's transfer to Mokpo

Dr. Wiley H. Forsythe

Demonstrations by Koreans on receiving news that he had been transferred from Chunju to Mokpo. More than 1000 petitions sent to the Mission to allow him to remain. Women took their dresses with torn pieces from them writing their requests. The mayor of the city, officials, the Governor, clubs and Korean Christians united in this petition.

- Jean Forsythe

"He says he is going tomorrow, but the Koreans say they will use force to keep him. The women declare they will follow an ancient custom - when they used to have a good Governor and he was ordered elsewhere - the women would spread their clothes in the road and he could not cross over for it would be equivalent to riding over their bodies. The women declare they will do this tomorrow. The men and boys declare they will block the way, so just what we shall see will be another chapter. He may stay on until the question is settled."

- Unknown

이숙

연세대학교 국어국문학과를 졸업하고 동대학원에서 석사학위를 받았으며, 미국 하버드대학교 언어학과에서 박사학위를 받았습니다. 연세대학교 한국어학당에서 외국인들에게 한국어를 가르쳤고, 미국 하버드대학교 동아시아학과에서 전임강사로 재직하였습니다. 국민대학교 교양과정부를 거쳐, 전주대학교 한국어문학과 교수로 정년퇴임하였습니다. 저서로는 『초기 개신교 선교사들의 한국어교사』(보고사), 『한국어이해교육론』(공저, 형설출판사), 『실용한국어3』(공저, 다락원)이 있고, 한국어학습자의 오류를 다룬 논문들이 있으며, 번역서로는 『윌리엄 전킨과 메리 전킨 부부 선교사 편지』(보고사)가 있습니다.

내한선교사편지번역총서 19
와일리 H. 포사이드 선교 편지

2025년 5월 30일 초판 1쇄 펴냄

지은이 와일리 H. 포사이드
옮긴이 이숙
펴낸이 김흥국
펴낸곳 보고사

책임편집 이순민
표지디자인 김규범

등록 1990년 12월 13일 제6-0429호
주소 경기도 파주시 회동길 337-15
전화 031-955-9797(대표)
팩스 02-922-6990
메일 bogosabooks@naver.com
http://www.bogosabooks.co.kr

ISBN 979-11-6587-831-3
      979-11-6587-265-6 94910 (세트)
ⓒ 이숙, 2025

정가 18,000원

〈이 번역서는 2020년 대한민국 교육부와 한국연구재단의 지원을 받아 수행된 연구임
(NRF-2020S1A5C2A02092965)〉